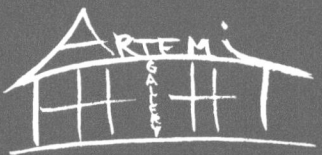

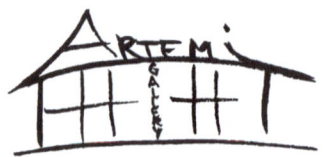

Indice

Grazie a:

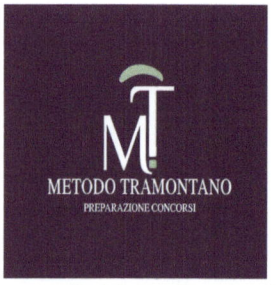
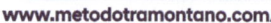
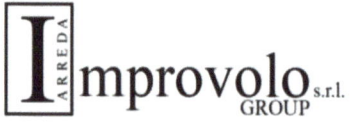
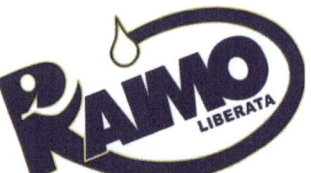

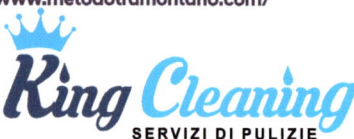
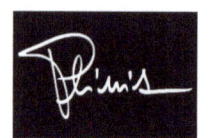
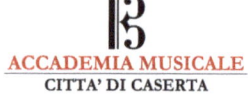
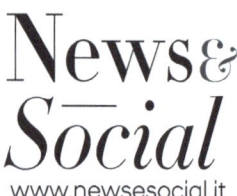
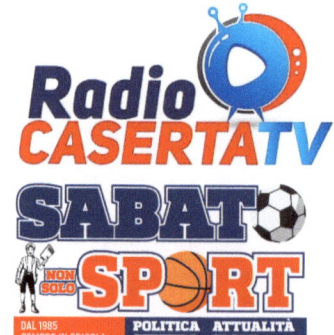
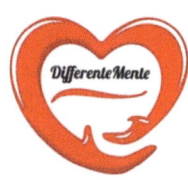

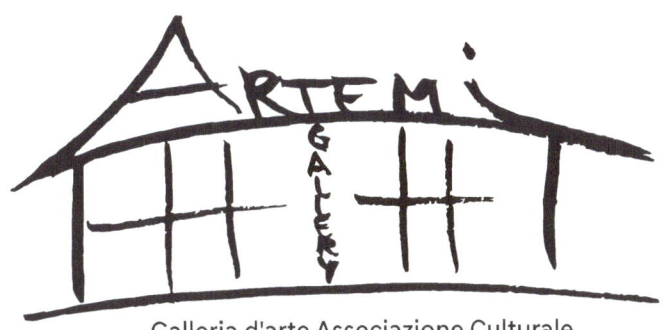

Galleria d'arte Associazione Culturale
Via Domenico Gentile 136 San Nicola la Strada (ce)

La Galleria Artemi nasce da un progetto di voler realizzare un luogo dove poter respirare, creare, e vivere in tutta la sua libertà e magia l'arte e l'amore per la pittura in particolare ma non solo, poter diffondere e condividere tutto ciò con chi ha tanto da dire attraverso la pittura e le arti tutte. È un luogo creato per educare le nuove generazioni al bello che l arte offre, attraverso essa i messaggi arrivano più forti, le opere degli artisti contemporanei che ospita e presenta sono scelte con scrupolosa attenzione, requisiti fondamentali la sensibilità e il coraggio di credere insieme che l arte può cambiare il mondo. Nella Galleria Artemi le opere non sono solo esposte bensì vissute attraverso gli eventi musicali, teatrali, letterari e sociali, attraverso le ore di lezione quotidiane di disegno, pittura, scultura: è una galleria d arte che si vive, che diventa

rifugio dai più piccoli ai più grandi, c'è tutta l intenzione di indurre a sperare in un mondo migliore ad iniziare dall arte sempre più sottomessa, sempre più sottovalutata.
Attraverso l arte si può migliorare il modo di affrontare la vita, l arte apre le porte a pensieri positivi, praticarla, ammirarla, possederla, condividerla crea un flusso di energia positiva che inevitabilmente rende più forti e consapevoli delle nostre capacità di azione nei confronti della vita. L'arte ci rende soggetti creativi-attivi di fronte ad una società che ci vuole sempre più passivi.

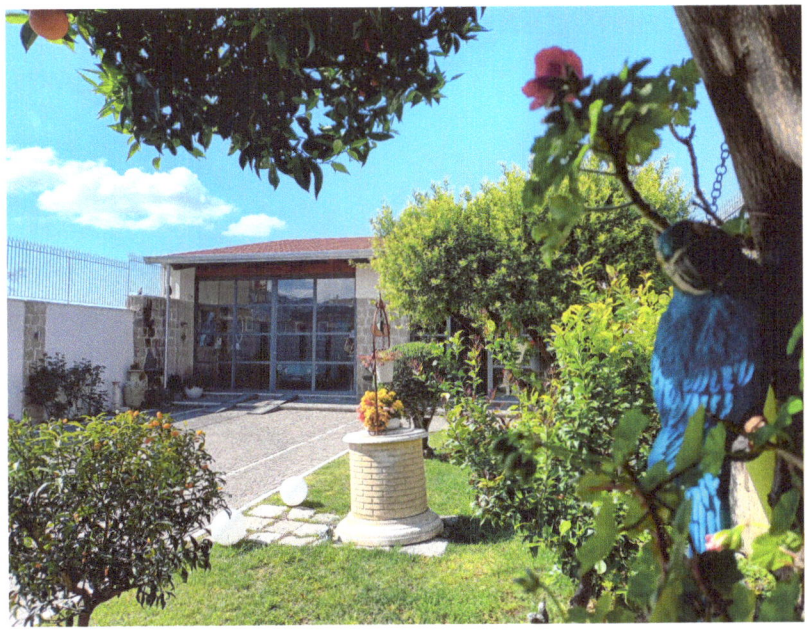
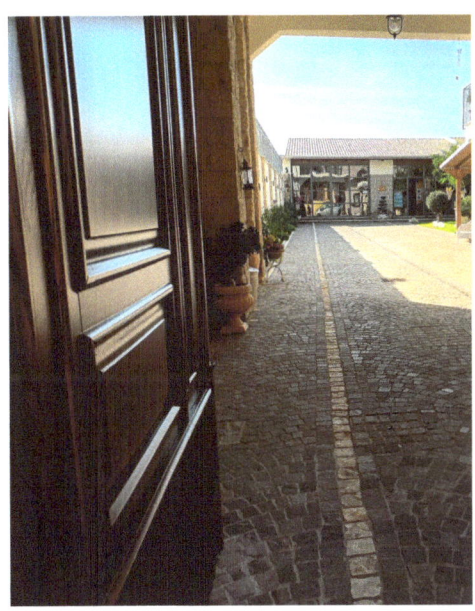

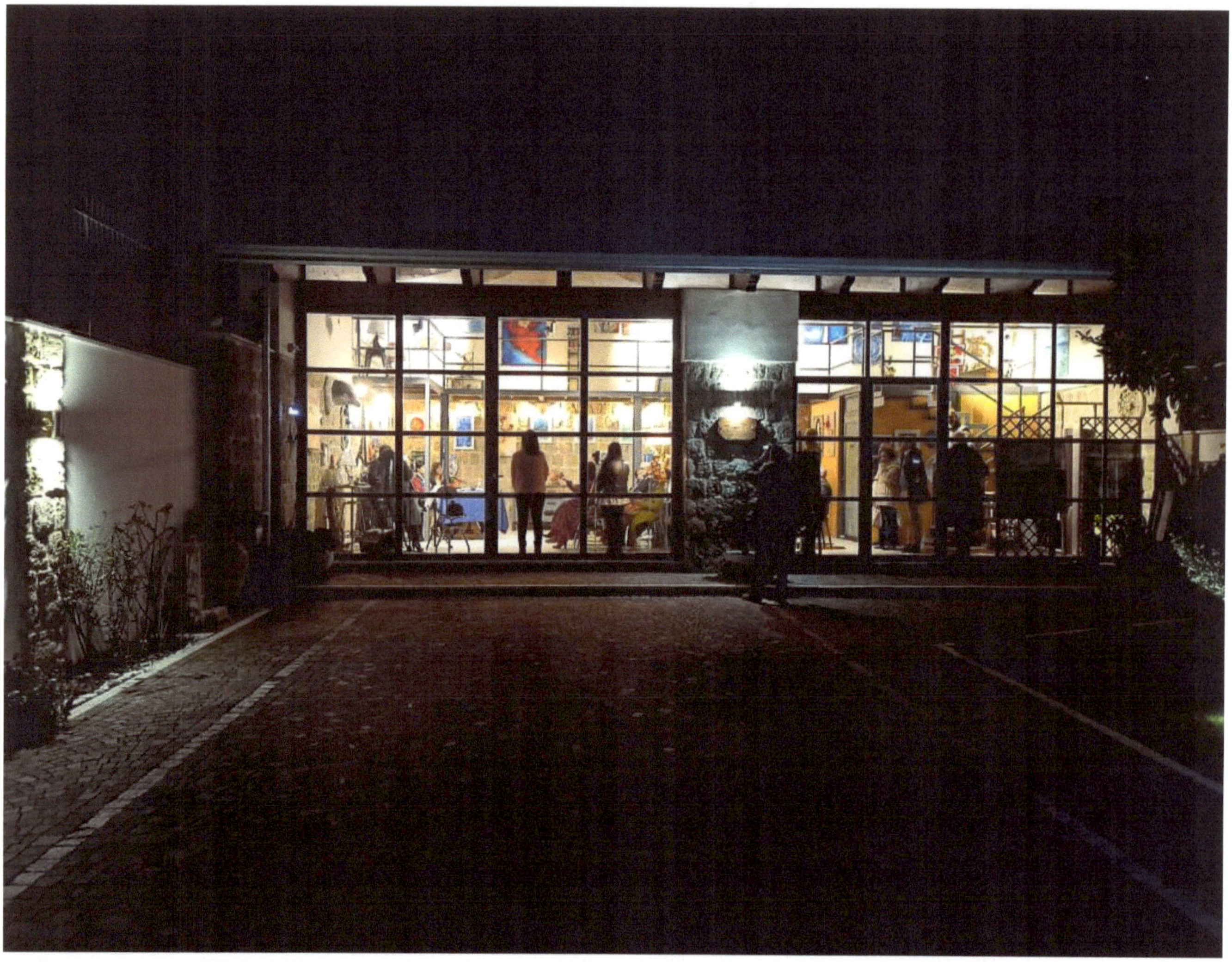

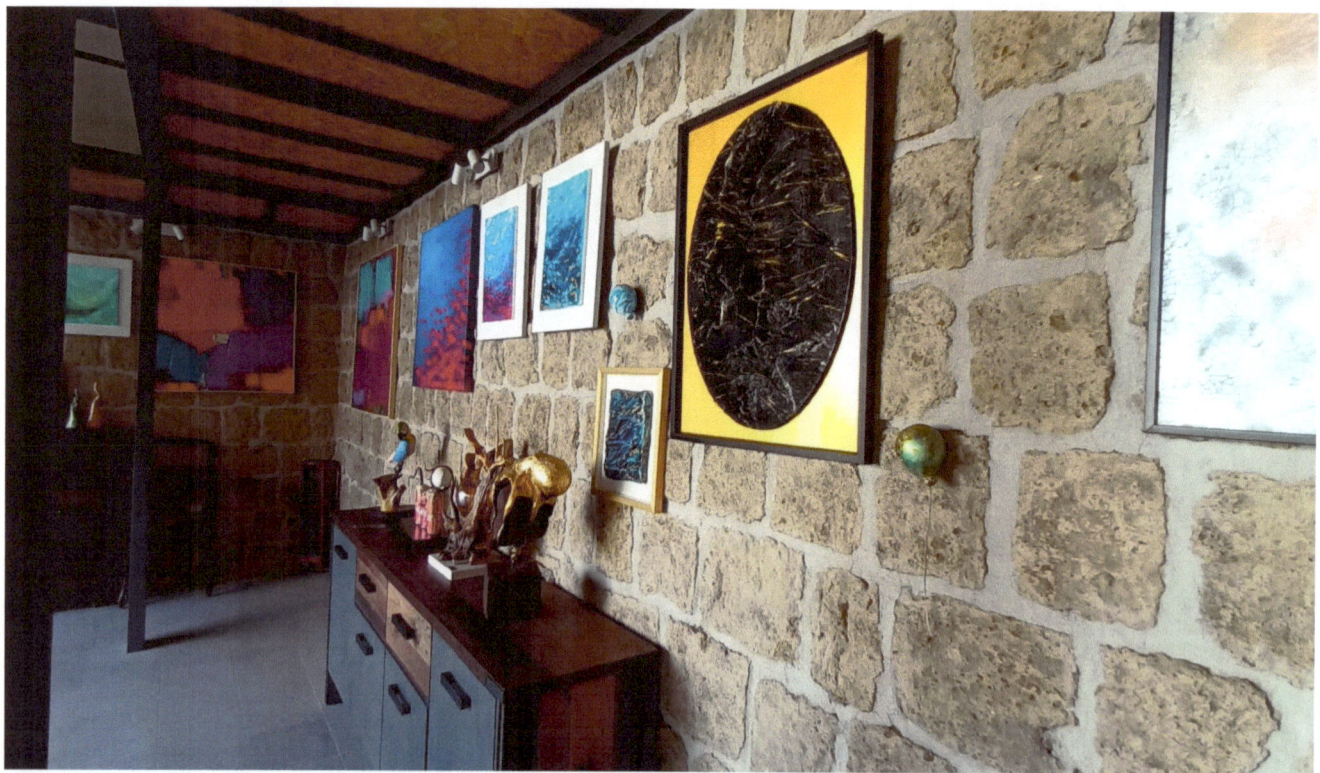

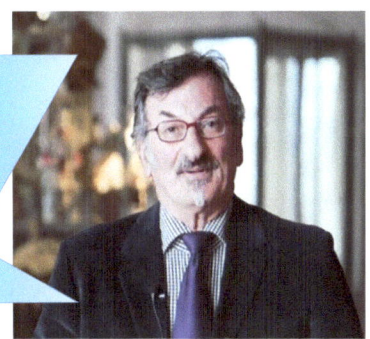

Prefazione
Vincenzo Mazzarella
Storico dell'Arte

Il messaggio arriverà

Che cos'è la pittura? Si può rispondere in modo semplice utilizzando un concetto semplice? Le risposte sono molte e sempre collegate tra di loro e ciascuna implica ulteriori domande. Da tempo immemore tanti critici e intellettuali dell'arte ritengono che l'arte pittorica abbia fatto ormai il suo tempo. Nessuno però lo ha mai certificato.

Non esiste una soluzione definitiva e programmatica al problema ma, esiste sicuramente qualcosa che unisce i differenti oggetti che chiamiamo "arte" che, nasce addirittura da una disobbedienza a Dio stesso che nell'antico Testamento proibisce qualsiasi immagine o idolo che possa sostituire il concetto dell'Assoluto. Ma creare immagini, cose, è connaturato con l'esistenza stessa dell'uomo; date un pastello ad una bambina e creerà un universo, prima per imitazione, poi per concetto ed espressione. I nostri occhi, da sempre cercano segni, soggetti simboli, oggetti che ci osservano mentre noi li guardiamo.

Questo bisogno ancestrale è più forte di noi e in un modo o nell'altro, l'arte "sopravviverà alle sue macerie" risorgerà sempre come la Fenice dalle sue ceneri; nel nostro profondo inconscio, nell'inferno delle periferie desolate, in una cattedrale diroccata, in un capannone industriale abbandonato, in un viaggio disperato alla ricerca della vita. E l'arte esisterà sempre negli avamposti culturali di questa società avviata inevitabilmente in declino irreversibile come continua fare coraggiosamente Artemi in questa mostra dove si presentano sei artisti: Emilia Della Vecchia, Davide Mirabella, Norma Bini, Francesco Galdo, Alessandro Borrelli e Dora Romano per la curatela di Antonella Nigro.

L'evento pandemico che ha sconvolto tutte le nostre sicurezze negli ultimi anni ha cambiato notevolmente la vita e le abitudini e gli usi di moltissime persone e non esiste settore della vita civile che non ne abbia tragicamente risentito. Per fortuna non tutto è andato a male, perché la chiusura forzata della nostra vita ha dato nuovo impulso e nuova creatività e forza alla ricerca artistica; e in qualche garage, in qualche cantina, in un sottoscala, in un carcere o in qualche Accademia, qualcuno tramite l'arte ha inviato un messaggio all'assurdità del mondo e della stessa esistenza delle cose, sia tramite l'espressionismo o il concettuale, o con il post human o tramite l'astrattismo o utilizzando l'iperrealismo, in qualsiasi modo ma il messaggio arriverà.

Vincenzo Mazzarella
storico dell'arte

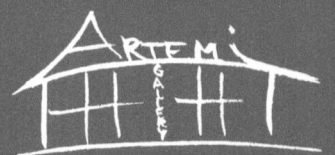

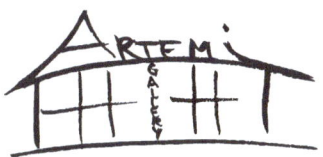

Norma Bini

Sessa Aurunca

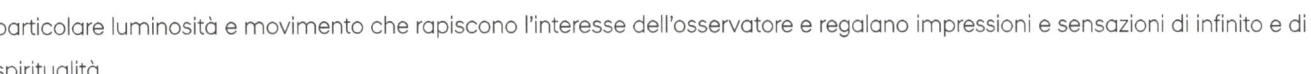

Norma Bini ha il primo contatto con la pittura già dall'adolescenza, quando comincia ad eseguire i primi dipinti. Racconta che già al primo incontro con i colori sente un brivido attraversare la sua anima...ed è subito amore! Nei momenti tormentati della giovinezza, rifugiarsi nei colori riesce a darle sempre serenità, ma le vicissitudini della vita, suo malgrado, la conducono su altri percorsi, fino ad arrivare alla laurea in Economia e Commercio e alla docenza nelle scuole superiori.

In seguito, costretta a letto da un tragico incidente, sente riaccendersi la passione e comincia a trasferire sulla tela le sue emozioni, creando atmosfere suggestive e vedute paesaggistiche di rilevante forza espressiva, con una particolare luminosità e movimento che rapiscono l'interesse dell'osservatore e regalano impressioni e sensazioni di infinito e di spiritualità.

La pittura di Norma Bini è una pittura fatta di simboli e messaggi; ogni espressione si collega ad uno stato d'animo. Entrambi, il segno e il colore, sembrano rafforzare le dimensioni psicologiche dell'immagine. La tonalità dei colori, la loro pastosità e matericità, l'uso di strumenti diversi (fino a stendere il colore direttamente con le mani), esprimono i suoi i più profondi sentimenti.

In quest'ultimo periodo, segnato dalla pandemia e dagli eventi bellici, Norma indaga il tema della solitudine: le vedute di città lontane, rarefatte e silenziose suggeriscono significati profondi e intimi. Investite da un alternarsi di luci, ombre e oscurità, trasmettono nell'osservatore sensazioni di inquietudine e solitudine. Quella stessa solitudine, che si consuma all'interno delle abitazioni, in cui molte donne sono impossibilitate ad esprimere all'esterno la loro richiesta di aiuto, diventa motivo di ispirazione e riflessione sul mondo femminile. Infatti, Norma dipinge spesso il mondo femminile: si tratta di donne sofferte che richiamano ad una profonda riflessione sullo spirito femminile, invitando ad osservare il mondo della donna da una nuova angolazione. Si è di fronte ad una miriade di sensazioni: passione, angoscia, tormento, turbamento e inquietudine.....ma, al contempo, speranza. La speranza sempre presente nei suoi dipinti, espressa da quegli orizzonti infiniti e luminosi.

"Per Norma Bini l'esistenza è donna e questa è viaggio: cammino coraggioso e solitario da percorrere silenti e a piedi nudi per comprenderne l'essenza, poichè l'orizzonte, per quanto lontano, attende luminoso." Professoressa Antonella Nigro, critico d'arte.

Numerose sono le mostre d'arte nazionali ed internazionali a cui partecipa, con consenso di pubblico e critica.

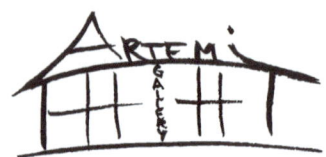

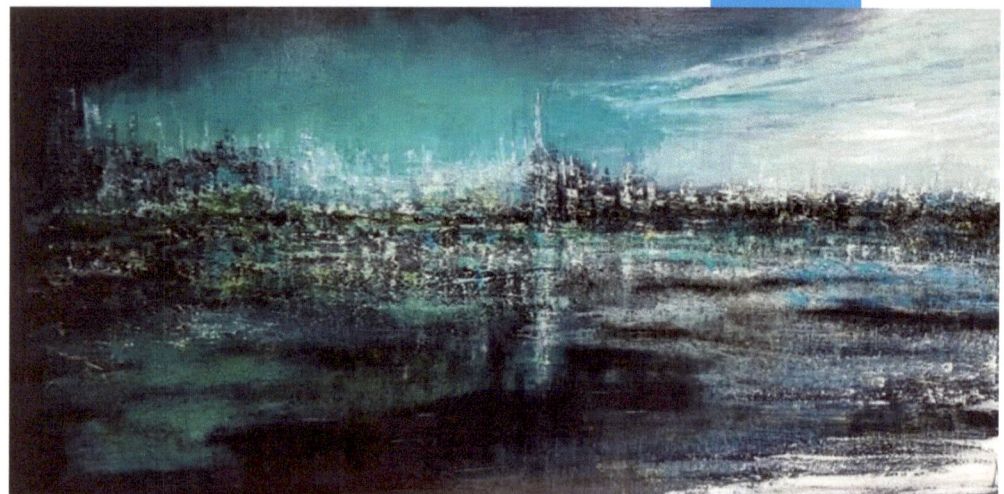

Norma Bini
serie URBAN SOLITUDE
tecnica mista 50x100cm

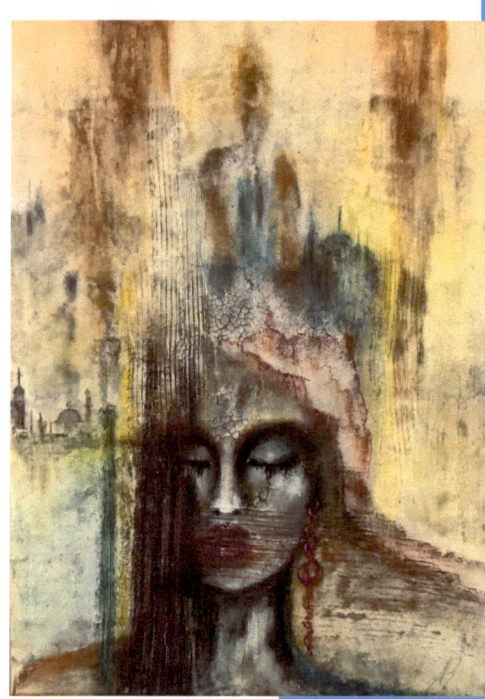

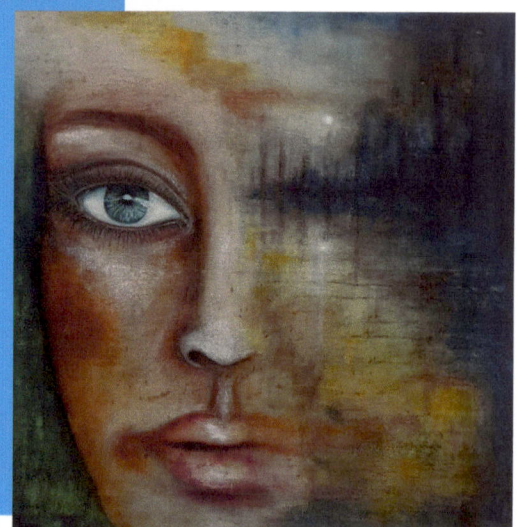

Norma Bini
FORGET
tecnica mista 100x100

Norma Bini
WOMEN LIFE FREEDOM
tecnica mista 70x50cm

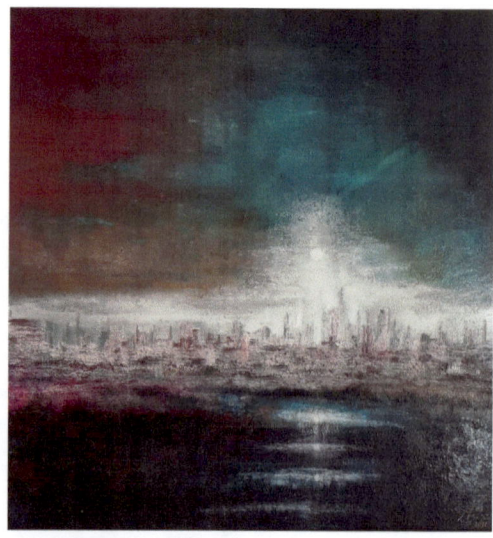

Norma Bini
serie URBAN SOLITUDE
tecnica mista 100x100cm

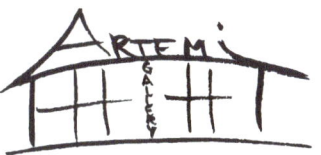

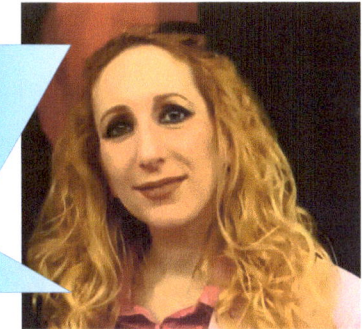

Il Pensiero di Antonella Nigro

critico d'Arte

Cara all'artista, specie nell'ultima proposta, l'indagine sul tema della solitudine, una condizione caratterizzante le vite di ciascuno in questa contraddittoria quotidianità, che vanta e pretende la costante connessione col mondo e, nel contempo, relega nella triste prigionia dell'interfaccia digitale. L'interpretazione pittorica che Norma Bini offre di paesaggi lontani, rarefatti, silenziosi propende a suggerire una molteplicità di significati, *in primis* la ricerca della propria unicità e irripetibilità, a non barattare il valore di una ricca, preziosa, romita riflessione con rapporti di circostanza. Un percorso molto intimo e individuale che, nell'arte come nel vissuto personale, ha bisogno di dedizione e pazienza: l'artista, con tocco materico, vivido e pregnante, torna alla natura, al mare, ai boschi, al cielo e guarda, nel frangente solingo della meditazione, a ciascuno di questi elementi nella loro semplice realtà, nella loro magnificenza primordiale, e la purezza della loro forza li rende veicolo d'evocazione e specchio di sentimenti intensi.

L'artista è profondamente conscia che la solitudine sia eterna compagna e condizione indispensabile alla produzione artistica e alla disamina interiore e consenta la consapevolezza di sé e del proprio tempo, liberando la manifestazione della creatività grazie al rifiuto del controllo sul reale, da tutto ciò che circonda l'essere umano soffocandolo nella superficialità e spegnendolo nella routine. Le vedute paesaggistiche taciturne e isolate, sono narrazioni di esperienze esistenziali di tipo universale, nascono come emblemi di una presa di distanza dagli altri, non per divenire preclusioni deserte, ma veri e propri varchi al mondo. Percorrere, abitare, raffigurare le distanze, gl'isolamenti, i distacchi comporta riconoscere ed ammettere le fragilità, i limiti dell'essere umano e trovare nelle relazioni vere e significative il ponte che, gettato sull'abisso, non le risolve, ma le colma. Non è un caso che la figura umana sia quasi del tutto assente dai dipinti dell'artista, poiché è il cuore dell'individuo, il suo animo, il suo sentire che ingloba l'ambientazione, per tale motivo risulta irrappresentabile nelle sue fattezze, nella sua pur accennata silhouette.

Un'aura di sottile spiritualità pervade le immagini dell'artista, emozione che si lega anche ad un altro contenuto che ella propone con assiduità: la donna. L'universo femminile, delicato e complesso, è ritratto spesso immerso in notturni di grande fascino che ne sottolineano i legami sacri con la Grande Madre, culto che, da sempre nei secoli, ha portato la donna ad essere venerata, nella quasi totalità dei miti, perché custode indiscussa di armonia nonché corpo e anima della vita e

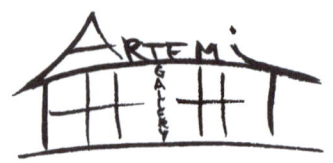

della rigenerazione. La luna che, sovente, accompagna le raffigurazioni dell'artista, immerge e accomuna le sue protagoniste alla potenza trina di Ecate, alla magica ciclicità di Diana-Selene e le riporta a quel concetto di silenzio, di abbandono del contingente, di distacco ed esclusione, caratteristici della notte e di comprensione e svelamento dell'arcano attuabile solo in tale magica dimensione, sorella di quella onirica. Uno stadio crepuscolare, sospeso, dunque, che si presta alla riscoperta della meraviglia, ove l'incanto è svelato e la bellezza possibile. In questo intrecciarsi di tematiche è proprio la donna che costituisce il *trait-d'union* dello studio dell'artista: per Norma Bini l'esistenza è donna e questa è viaggio: cammino coraggioso e solitario da percorrere silenti e a piedi nudi per comprenderne l'essenza, poiché l'orizzonte, per quanto lontano, attende luminoso.

Un riscontro con le opere proposte, in merito a importanti opere d'arte che hanno segnato l'evoluzione della disciplina, si può ravvisare nelle bellissime ed austere *Mater matute* che, assise su troni, esibiscono la prole, a volte, numerosissima, emblema di vita e di possibilità, tutta divina, di procreazione; i visi delle donne effigiate da Norma, poi, hanno tratti ieratici di dee e regine, gli stessi che Gustav Klimt, mirabilmente, concepì nella sua celeberrima *Pallade Atena* dagli occhi cerulei e immobili, come gemme preziose circondati da uno scrigno d'oro a forma di elmo guerriero; infine, il complesso rapporto uomo-donna che l'artista narra con un tramonto di luna,- elemento femminile per eccellenza, ferito e sanguinante, forza subitamente raccolta, se non rubata, da un sole maschile - è lo stesso che ritroviamo ne *Il banchetto* di René Magritte nel quale, al di là del titolo volutamente spaesante dell'artista, ecco che un sole s'impone nella tenue e delicata grazia della giovane notte che è, così, privata della sua identità e della sua bellezza. La frequente con-*fusione* temporale tra diurno e oscurità nel surrealismo è sì, gioco intellettuale ricorrente alla scoperta dell'oltre non definito, ma stavolta la forza dell'astro rosso, acceso e vivo, impedisce, di fatto, al fruitore la possibilità di addentrarsi nei silenzi di penombra suggeriti dagli alberi e dal cielo.

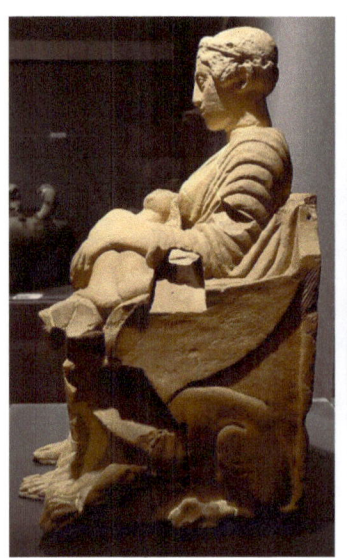

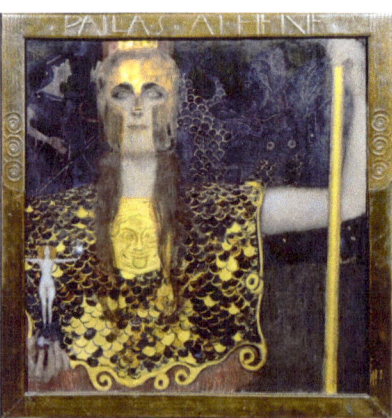

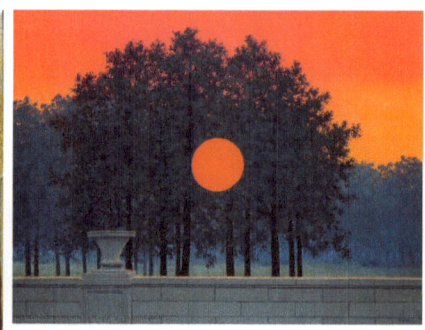

René Magritte, Il banchetto,
1958, olio, Art Institute of Chicago

Gustav Klimt, Pallade Atena,
1898, olio su tela, Wien Museum, Vienna

Mater matuta, 450-440 a.C. pietra,
Museo Campano di Capua, Capua

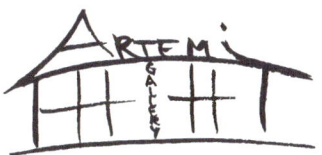

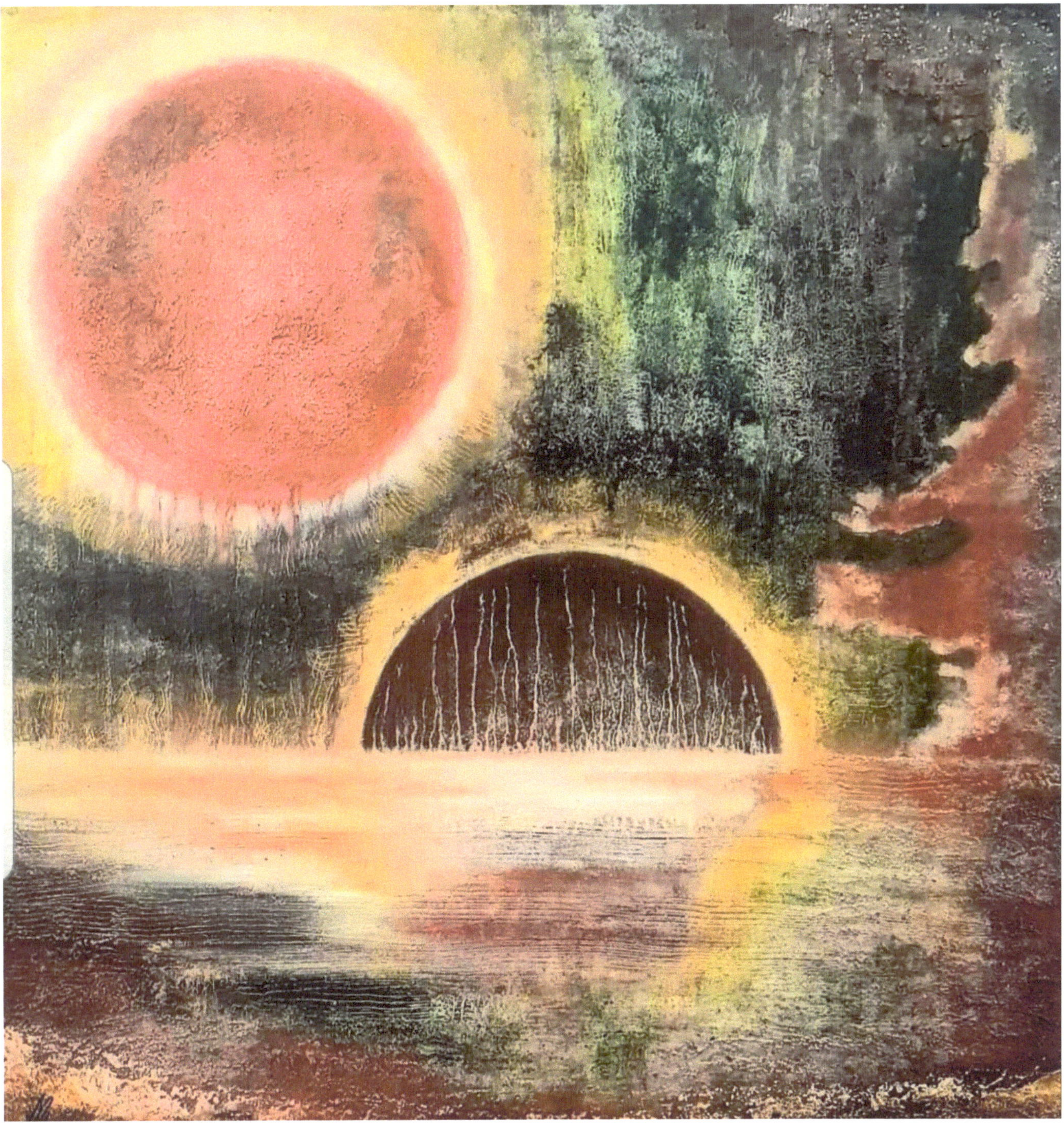

Norma Bini -ANIMA RUBATA tecnica mista 100x100cm

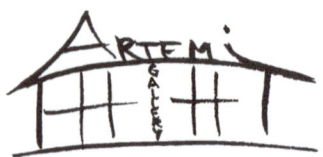

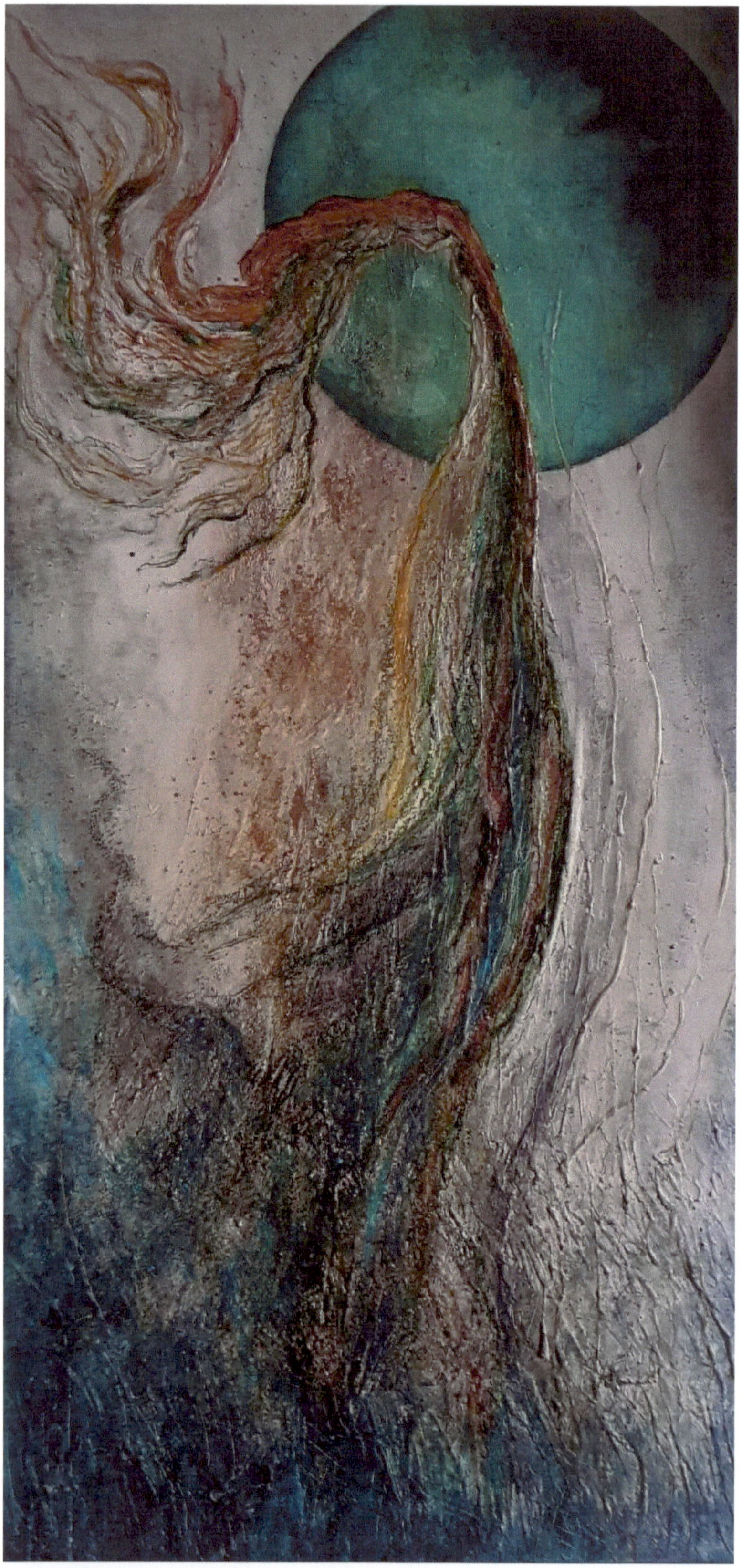

Norma Bini -MATER - tecnica mista 100x50

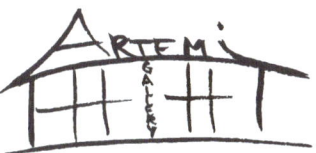

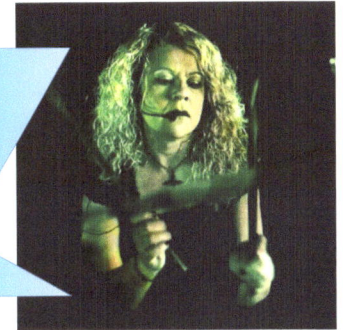

L'EVANESCENTE CANTO DELLE SIRENE

Alla ricerca di pace
tra le effimere onde
a pelo d'acqua,
viaggiano pensieri,
in cerca di equilibri e tregue.
Sussulta e si smembra
a poco a poco,
l'illusoria nebbia
che in acquitrini putridi
tratteneva sabbia e sale.
A sera risplendono
tra il cielo cobalto,
raggi bronzei e tiepidi
e le lacrime rischiarano
nuove albe,
mentre dal mare,
di nuovo sale,
l'evanescente canto delle sirene.

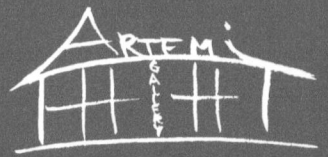

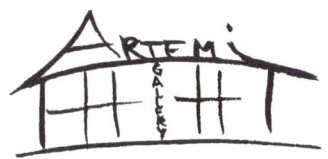

Alessandro Borrelli

Napoli

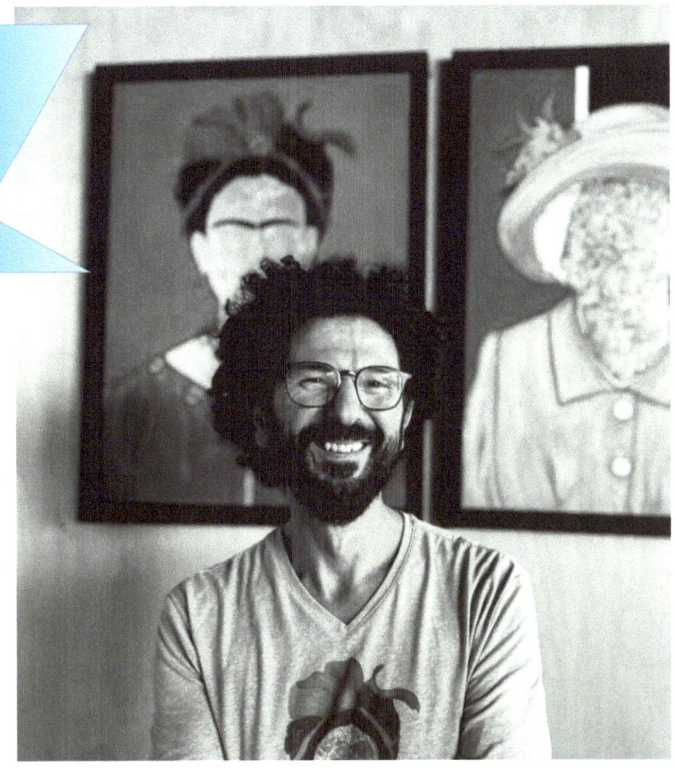

Alessandro Borrelli, nato a Napoli dove vive e lavora tutt'oggi. Dopo i titoli per Modellista formatore, e Tecnico Delle Lavorazioni Ceramiche presso L'Istituto Statale della Porcellana e Ceramica G. Caselli di Napoli, segue il corso di Scultura presso l'Accademia Delle Belle Arti di Napoli. Durante gli anni di studio contemporaneamente intraprende una sperimentazione di forme, tecniche e lavorazioni differenti allo scopo di trovare il proprio stile e linguaggio artistico che più lo rappresenti. Parallelamente corre la sua carriera artistica e negli ultimi anni sono molti i riconoscimenti ricevuti

2020 •Collettiva presso Palazzo San Giacomo sede del Comune di Napoli "Itinerario D'Arte lungo la Napoli Nobilissima" a cura dell'architetto Giovanna D'amodio •Collettiva Palazzo Venezia Ospita i Maestri Internazionale •Collettiva Emirates Art Connection Al Fahidi Historical Neighborhood, Villa 17 | Akaas Visual Artists Group | Dubai •Collaborazione con l'Istituto G. Caselli ed il Museo di Capodimonte al progetto dell'Architetto Calatrava Santiago per l'allestimento della Cappella di San Gennaro all'interno del Bosco di Capodimonte-Napoli •XLVI Rassegna Internazionale D'Arte Contemporanea "PREMIO SULMONA 2020 " Gaetano Pallozzi" presso Polo Museale Civico Diocesano- •Esecuzione di pannelli scenografici per rappresentazione musicale presso Reggia di Caserta e la Sacrestia del Vasari - Chiesa di Sant'Anna dei Lombardi (Napoli) Organizzata dall'Associazione Culturale Accademia Reale •Premio Iside VIII edizione vincitore per la sezione ceramica ed anche per il Premio Galleria ArtEmi, per l'opera "Resilienza" **2021** •Collaborazione con l'Istituto G. Caselli, e con Patricia Urquiola, designer e architetta spagnola, in un progetto di sperimentazione di Texture -IBRIDA- •Collettiva Digital Exhibition Internetional Art Fair Innsbruck •Vincitore alla IX edizione Premio Internazionale Iside presso Albergo La Vigna - Procida **2022** •Collettiva presso La Galleria Il Leone- Roma •Vincitore alla VI edizione del Premio Internazionale Assteas presso il Museo del Parco regionale del Taburno Camposauro •Premio Giacinto Gigante - Vico del Vasto a Chiaia, Napoli •Mostra Personale d'Arte "A Tutto Donna" presso la Galleria Artemi - Caserta •Collettiva alla VII Edizione Concorso d'Arte in onore Frida Kahlo. •Mostra Personale Virtuale Galleria Margutta presentata da Casa Editrice Pagine •Partecipazione all'exibart prize 2022 •Pubblicazione sul Catalogo CAI 22 Catalogo Artisti Italiani •Itinerant ART - Interazione comunicativo-espressiva "STOP FEMMINICIDIO" presso Galleria Artemi - San Nicola La Strada (CE) - Percorso sul territorio Campano . **2023** •Collettiva al PAN (Palazzo Arti Napoli) "Bandiera Bianca - Stop alla violenza" curata dalla dott.ssa Giovanna D'Amodio presidente dallAssiciazione Arteggiando •Collaborazione con l'Istituto G. Caselli, al progetto dell'artista egiziano Wael Shawky •Collettiva presso Villa Calvanese - Castel San Giorgio (SA)

www.alessandroborrelli.it   borale1969@gmail.com

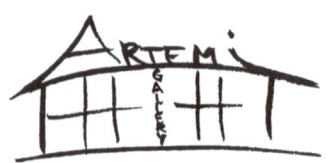

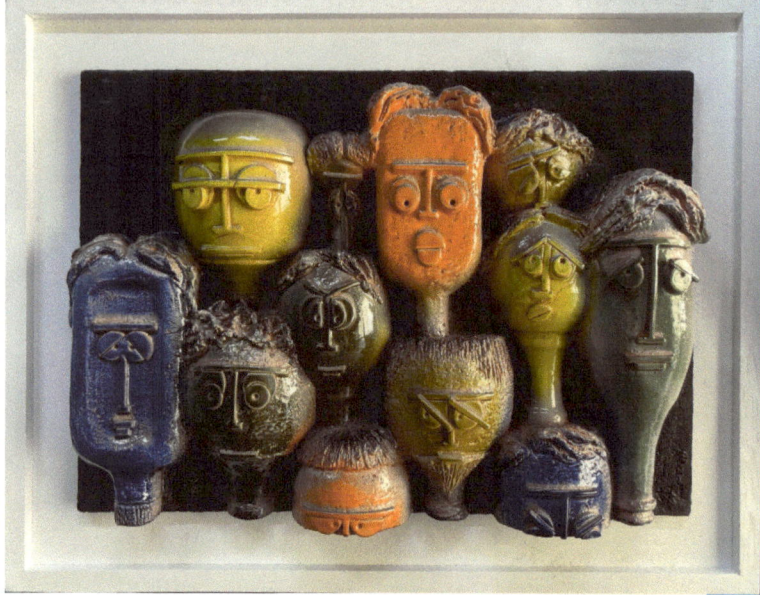

Alessandro Borrelli
-Bottiglie Capovolte- 2021 grèe refrattario smaltato H54xL70xP10

Alessandro Borrelli
*-Costrizioni- 2021 grès refrattario
rosso smaltato H60xL40xP35 cm*

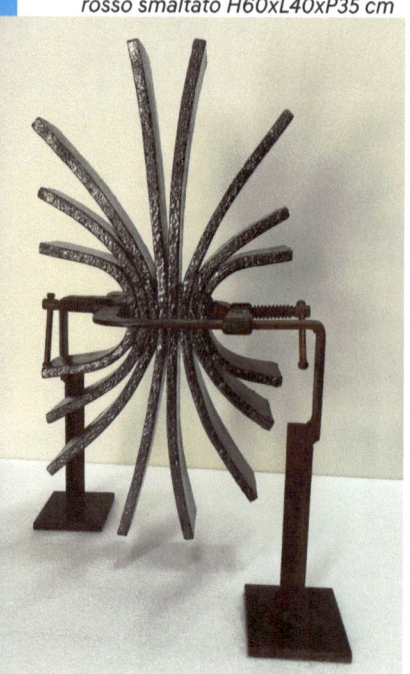

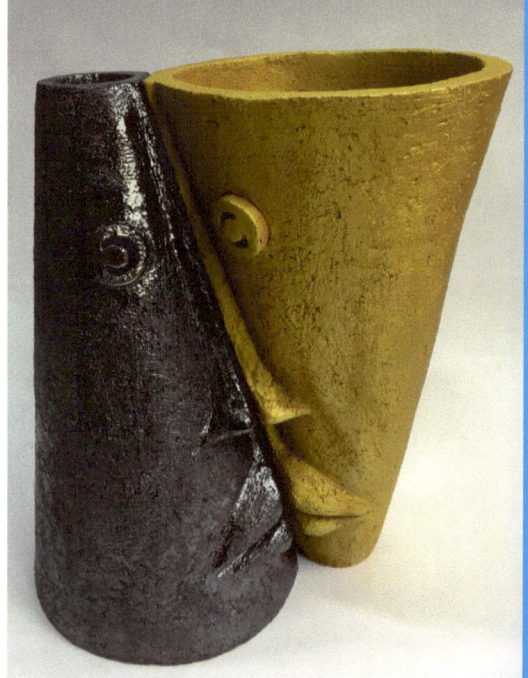

Alessandro Borrelli
*- Il Bacio- 2019 grès refrattario smaltato
H34xL27xP21 cm*

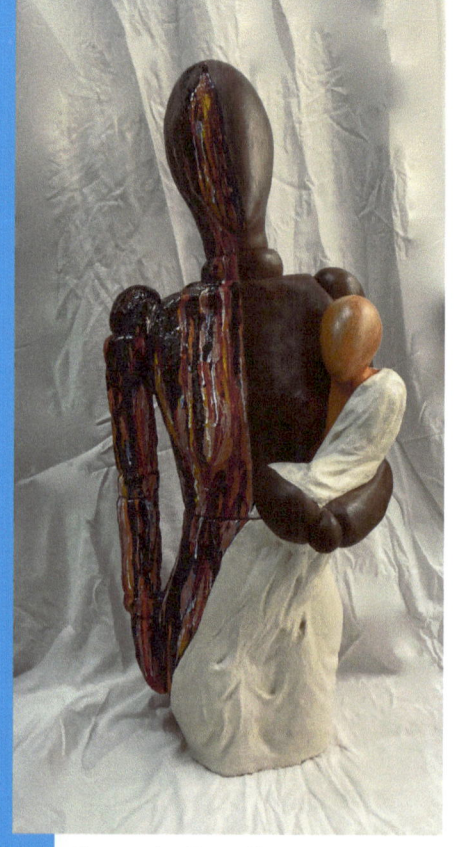

Alessandro Borrelli
*-LEGACY- EREDITA' 2020 grès refrattario
rosso smaltato e ingobbiato H120xL60 cm*

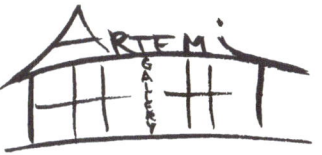

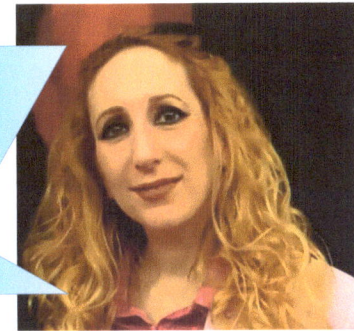

Il Pensiero di Antonella Nigro

critico d'Arte

Alessandro Borrelli, artista versatile e dal talento poliedrico, presenta un'indagine, sia pittorica che scultorea e ceramica, legata a moduli nei quali la sorpresa, piacevole e sovente sempre più rara nell'arte, è tematica cara al suo *modus operandi*. Egli gioca con profili, strutture e fattezze che nascono e si dileguano in ironici e apparenti *non sense*, per poi ricomparire, elegantemente purificate da orpelli, in sineddoche visiva o in modo plurisemantico sotto gli occhi stupiti dell'osservatore. Si parte da un materiale come la ceramica o il grès che, con diverse configurazioni, sembra forgiato nelle linee filiformi e sinuose del metallo, ma solo attraverso un'attenta osservazione, unita alla voglia di "toccare con mano", si potrà comprenderne la vera fattura. Ecco che l'arte diviene lettura del vissuto contemporaneo e ne trae le armonie, ma anche i difetti, quali la superficialità imperante, l'inganno e l'insidia della comunicazione, il pericolo delle apparenze e cerca di porvi rimedio con i suoi linguaggi espressivi, sempre incisivi ed immediati.

La stilizzazione dell'immagine e la semplificazione delle forme, è alla base di un lavoro, quello di Alessandro Borrelli, ricco di passione e di originalità, la figura femminile, tenue e leggera, emerge dal fondo niveo ed è tutt'uno con esso, ma tale grazia mostra una sola ala, l'altra perduta, crudelmente tarpata dalla prepotenza di un mondo incomprensibilmente misogino e aggressivo; oppure si erge nelle contaminazioni materiche di antiche etnie, come quelle thailandesi, dai riti ancestrali e propiziatori; o ancora è superbamente abbandonata, con gli occhi socchiusi, come magnifica crisalide nascente farfalla.

La terra natia, le sue meraviglie paesaggistiche quali il Vesuvio, le sue tradizioni che sposano, straordinariamente, sacro e profano come la maschera di Pulcinella e la devozione a San Gennaro, sono motivi cari all'artista, trattati con gioia creatrice, innovazione iconografica e cromatica, ugualmente il mare che, nella concezione di Alessandro, è moto ascendente e curvilineo, è arco su arco, mirabile architettura divina ritratta nella bellezza dell'onda crescente che sta per frangersi, ma per sempre cristallizzata in una raffigurazione perfetta e immutabile.

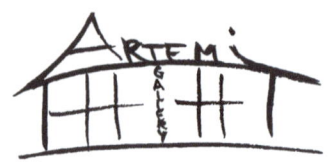

Riguardo le opere in catalogo, *L'onda* e *Pietà*, è ravvisabile, per la prima, un interessante parallelo alle dinamiche costruite da Giacomo Balla nei suoi dipinti. Sicuramente il Futurismo, con la sua devozione al movimento e alla sua rappresentazione figurativa, è l'avanguardia storica nella quale si riscontra una più affine ispirazione inerente le opere di Alessandro, ma, in particolare, Balla, nella rosa dei colleghi marinettiani, è colui che, spesso, utilizza il cerchio, la sfera, l'ellisse più in generale, per ritrarre l'azione, lo slancio: opere come *Ragazza con cerchio*, infatti, sono davvero esplicative, qui la sensazione è un vigore di energie che s'intersecano, sovrapponendosi e inanellandosi: cielo, strada, aria divengono vortice continuo, la stessa danza che ritroviamo nell'opera *L'onda*.

La scultura *Pietà*, invece, essendo un'interpretazione di assoluta essenzialità e sintesi formale, diviene di complessa comparazione, perché ricca di analogie stilistiche e contenutistiche con opere d'arte di ardua lettura critica. L'iconografia della *Pietà* nella storia dell'arte, ha seguito, quasi sempre, lo stesso impianto spaziale ove Maria sorregge con infinita tenerezza e profondo dolore il Salvatore esanime, creando spesso quella che potremmo chiamare "curva d'amore" sorgente dal corpo conchiuso della Vergine nell'ultimo abbraccio a Gesù abbandonato sulle sue ginocchia o al suolo dinanzi alla croce o al sepolcro. Questa posizione della madre e del figlio, ravvisabile ad esempio, nella nota *Pietà con due angeli* di Annibale Carracci, è molto simile alla laconicità, slanciata e ceramica, alla quale è pervenuto Alessandro Borrelli, che inserisce alcuni simboli della Passione, quali chiodi e spine, per definirla in merito alla tematica. Tale "curva d'amore", dunque, molto vicina alla silhouette creata dall'artista per la sua *Pietà*, diviene davvero evidente nella celeberrima *Madonna Sistina* di Raffaello che, pur non essendo un compianto, è un'immagine già presaga dell' infelice sorte di entrambi gli effigiati: negli occhi di Maria è presente una giovane, velata, misteriosa, struggente malinconia, così com'è possibile leggere un commovente timore, tutto infantile, nel piccolo Gesù, che non è vinto neppure dall'abbraccio materno.

Così, tra flutti che s'inseguono all'infinito e madri-culle che proteggono l'amore oltre il fato e la morte, si dipana la ricerca, concettuale e materica, di Alessandro Borrelli, nella quale la supremazia della linea, costruisce ed esibisce, viaggi e destini.

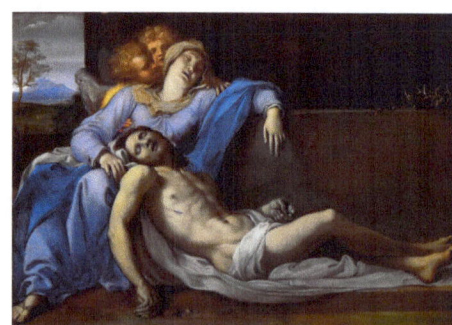

Annibale Carracci, *Pietà con due angeli*, 1603, olio su rame, Kunsthistorisches Museum, Vienna.

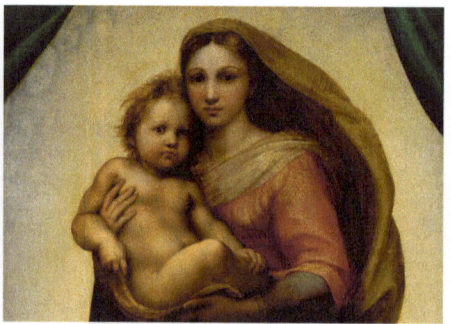

Raffaello Sanzio, *Madonna Sistina* (particolare), 1513, olio su tela, Gemaldegalerie, Dresda

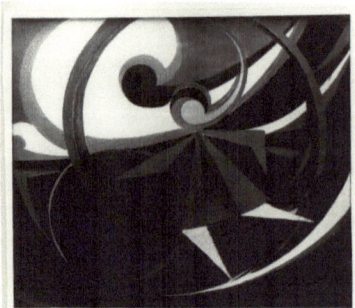

Giacomo Balla, *Ragazza con cerchio*, 1918, collezione privata, olio su tela

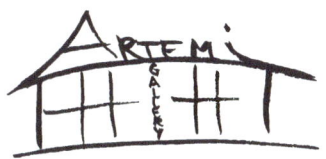

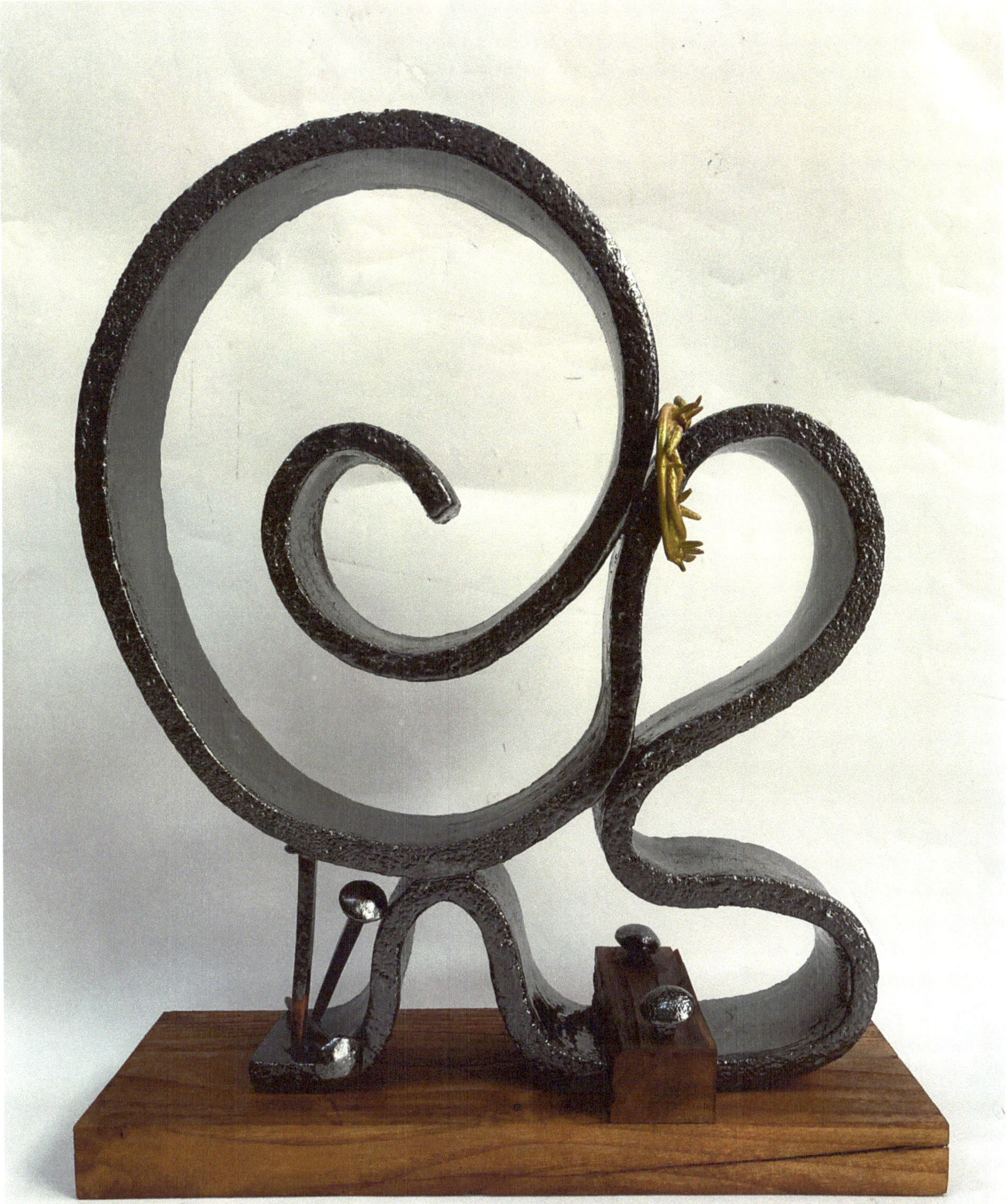

Alessandro Borrelli - *La Pietà- 2019 -grèes refrattario rosso smaltato su base di legno di ulivo H47XL40XP13*

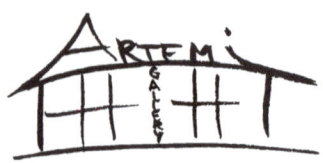

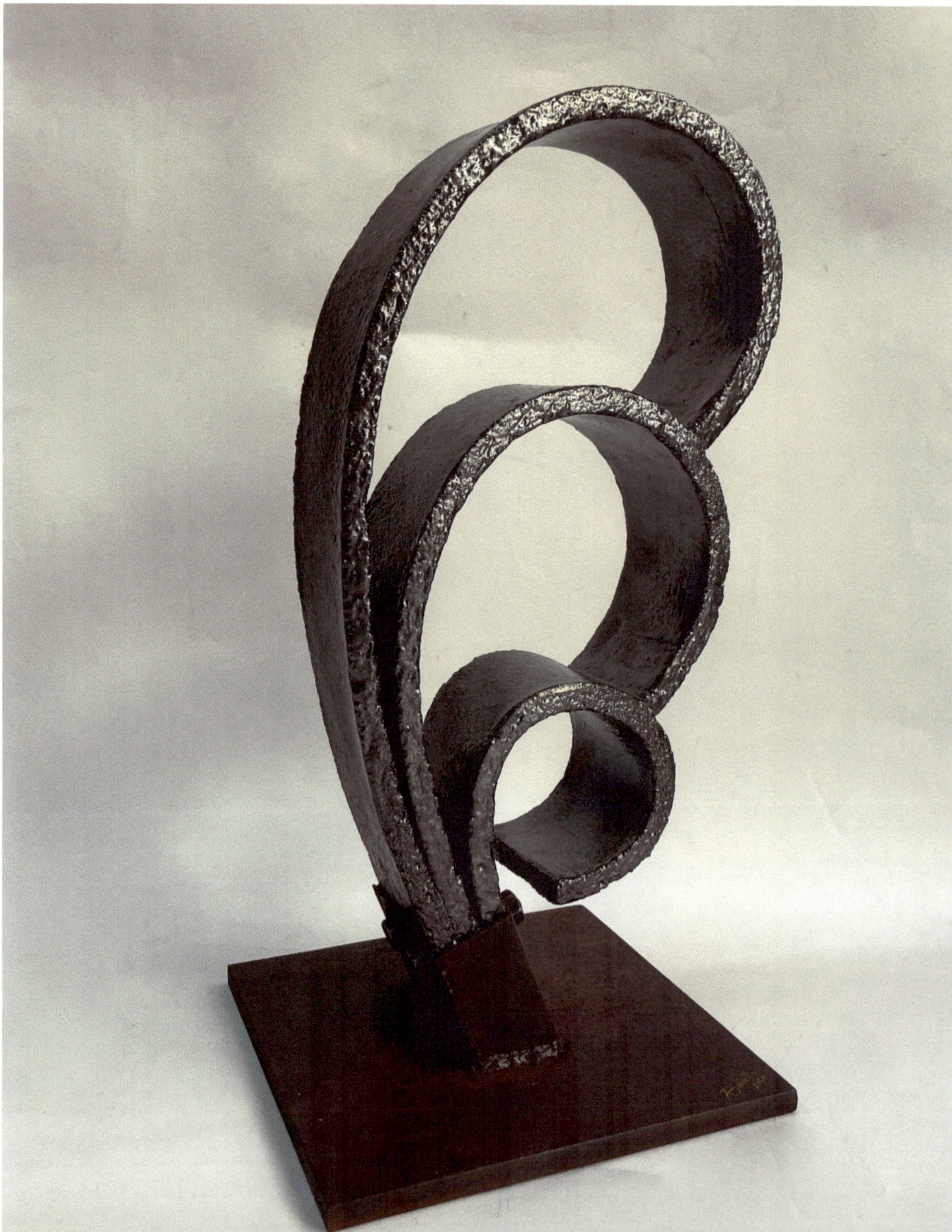

Alessandro Borrelli *-L'Onda- 2020 grès refrattario smaltato con base in ferro L20xP20xH40*

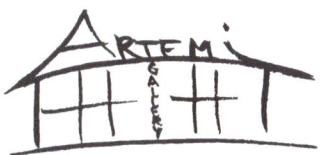

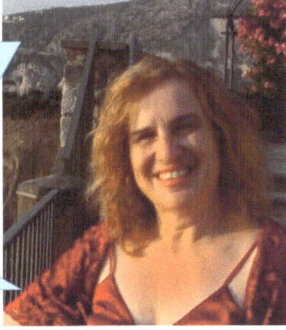

Un abbraccio che racchiude sensazioni inafferrabili e talvolta contrastanti, anelando ad una serenità forse mai raggiunta, limitata e frenata dal proprio senso di aderenza al mondo che ci circonda. I propri sentimenti latenti nell'anima fluiscono come una sorgente in un tempo lontano e quasi dimenticato, mentre il cuore si apre all'altro in un alveo indistinto di luci e ombre. Le curve della vita sembrano tratteggiare gli ostacoli del tempo, ma l'artista, pur nel delineare i labirinti del cuore, crea una luce piccola e pregnante, appoggiata al buio dell'esistenza. E' come un continuo adagiarsi e trattenersi come sulla barca della vita, ondeggiante e travolta da una tempesta interiore a cui tuttavia l'uomo resiste, indissolubile e cerca in se stesso la forza di andare avanti. Un contatto con la diversità, che arricchisce, mantenendo la propria autonomia di pensiero, senza lasciarsi fuorviare da voci discordanti, ma tenendo fede al proprio essere, accogliendo le varie istanze e facendole proprie e dando il proprio contributo emozionale.

Ilde Rampino

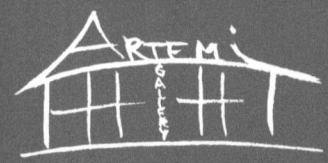

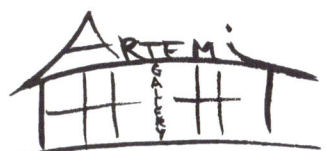

Emilia Della Vecchia
Napoli

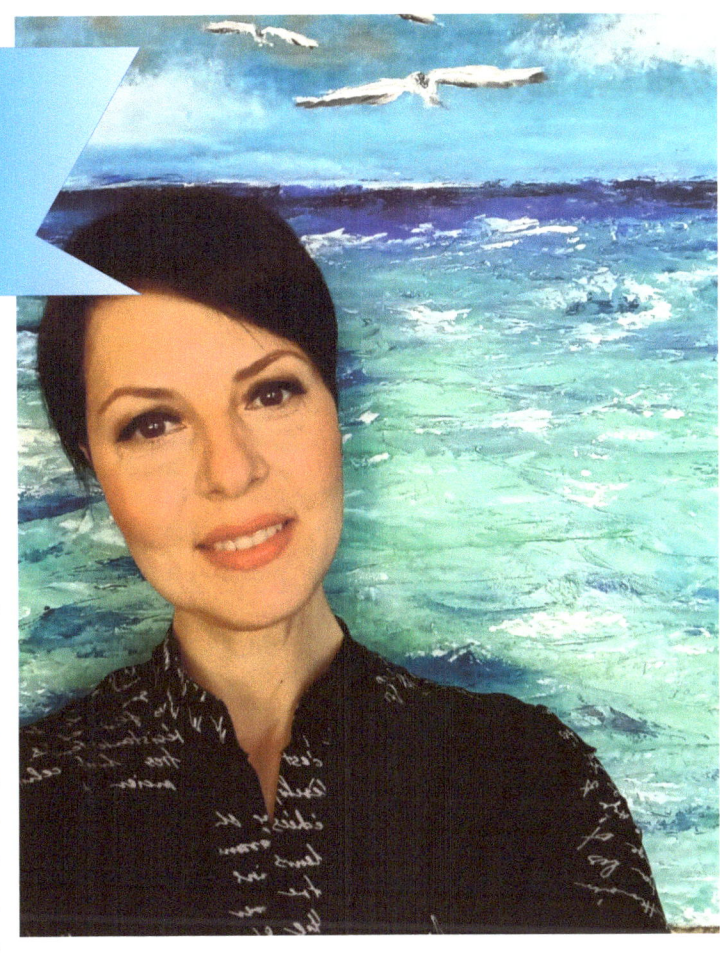

Emilia Della Vecchia, nata a Napoli nel 1976. Nipote e figlia d'arte. Laureata in Conservazione dei beni culturali, insegna e intanto non lascia mai la matita e il pennello per dipingere...debutta nel mondo della pittura il 23 settembre 2017 con una mostra pittorica personale a Caserta di cui ne faranno seguito molte altre a Napoli e province . Intanto partecipa a numerose mostre collettive, estemporanee, live e concorsi riscuotendo sempre interesse e classificandosi sul podio in numerosi premi tra cui AncillaDei a Perdifumo (SA) e Premio San Valentino ad Atripalda (AV). Ha Esposto le sue opere a Napoli, Caserta,Roma, Salerno, al Museo di Calatia a Maddaloni (CE). Partecipa ad un'importante mostra curata dal critico d'arte Antonella Nigro alla Ambasciata Egizia in Roma. Espone anche all'estero, in particolare nella capitale francese Parigi, che la vede protagonista con la curatrice Laura Ginatta a" Le Local "presentando la sua Arte e quella di altri artisti italiani ai Francesi. Le gallerie che ospitano i suoi dipinti: ArteIncontro a Montesilvano (Pescara), Numen Art Gallery e QuadraRum a Roma.Venice art Gallry a Venezia. Sue le copertine di alcuni romanzi , raccolte di poesie e CD musicali . Ha fatto parte degli artisti scelti per il Premio Sulmona 2019, 2020 dove avviene l'incontro e confronto con Vittorio Sgarbi. Menzione di merito artistico al VII° Premio Iside 2019 in Benevento, che la vedrà negli anni seguenti in giuria a Benevento e Procida. Presente con le sue opere presso Scuola Grande San Teodoro di Venezia per Arte in Calle. Inizia egregiamente il 2020 con la prima Permanente dell'Arte Contemporanea Italiana, curata e presentata dal Critico d'arte Gianfranco Pugliese, assegnandosi un posto nel Palazzo Falcone e dei Principi San Severino di Bisignano- Acri con l'opera "Luce" ottenendo la musealizzazione. Il suo nome, con le sue opere pittoriche, è presente tra gli artisti del volume "Percorsi d'Arte in Italia 2018" e 2019 e in numerosi altri volumi cataloghi e riviste di arte, antiquariato, design e architettura .Nel 2020 riesce a realizzare ed inaugurare la Galleria Artemi di sua proprietà, presidente dell'omonima Associazione Culturale organizza e promuove e dirige accuratamente eventi artistici. Presente all'VIII Premio Iside stavolta in Giuria presieduta dal Critico d'arte Antonella Nigro. Nel 2021 è presente con il suo dipinto "Mirra" la maschera nel volume illustrato da artisti contemporanei di una Divina Commedia con tour espositivo a Milano, Roma, Matera, Firenze, Ravenna.. a cura dello storico Critico D'arte Giorgio Gregorio Grasso, che la seleziona anche per la biennale del Cinema a Venezia portando le sue opere alla Venice art Gallery. Insieme ad altri artisti si attiva per sensibilizzare e combattere la violenza sulle donne, in una mostra itinerante che partita dalla Galleria Artemi.

     www.emiliadellavecchia.it   Emilia.dellavecchia@gmail.com

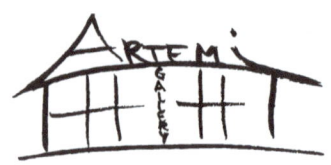

Emilia Della Vecchia - *Pieghe d'anima serie 4*
30 x 40 con cornice. Tecnica materica mista

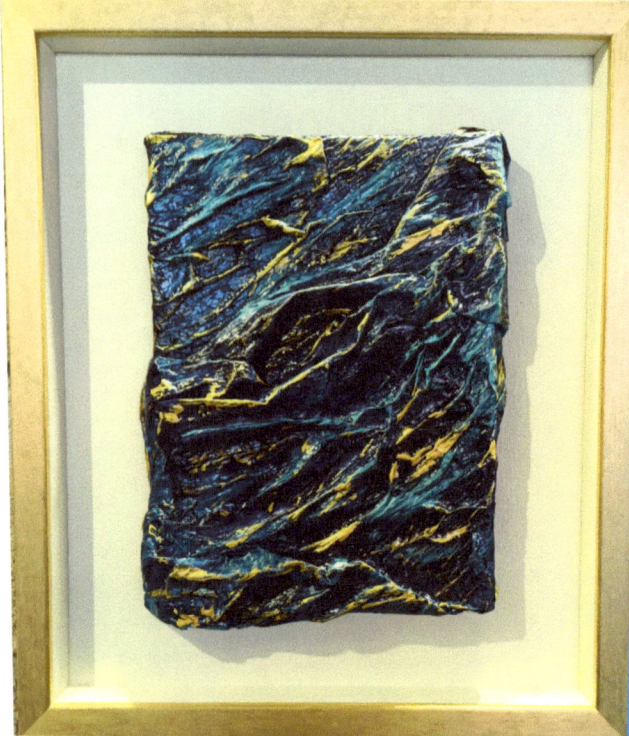

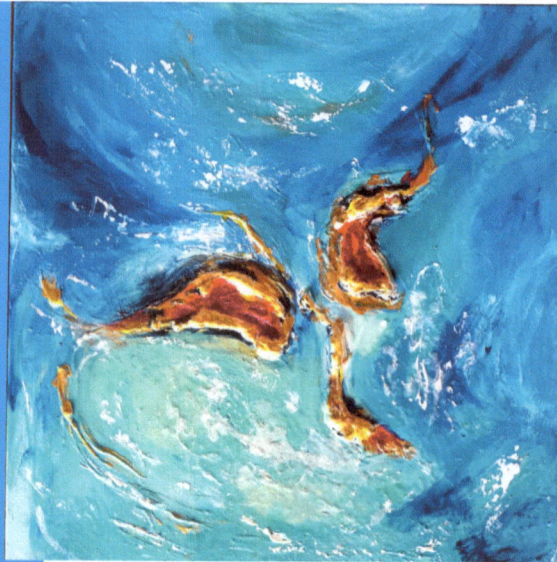

Emilia Della Vecchia
Marina 40X40 - Tecnica Mista

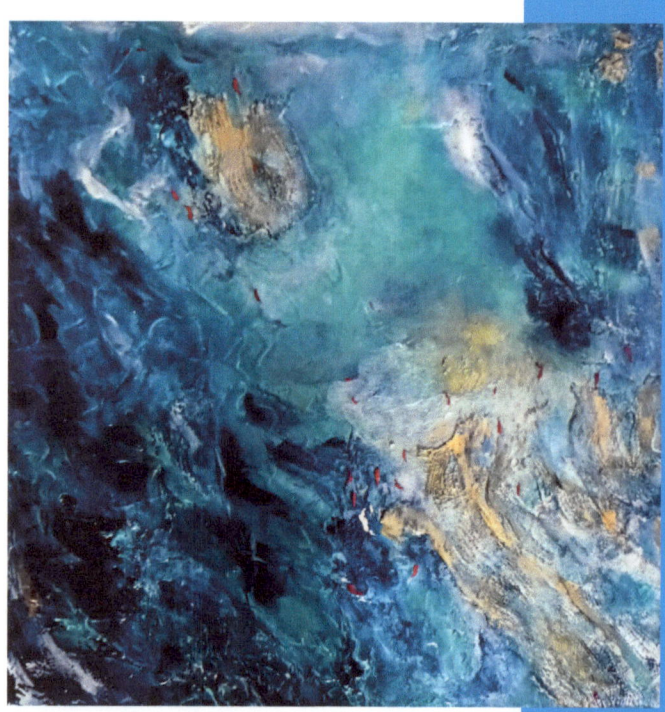

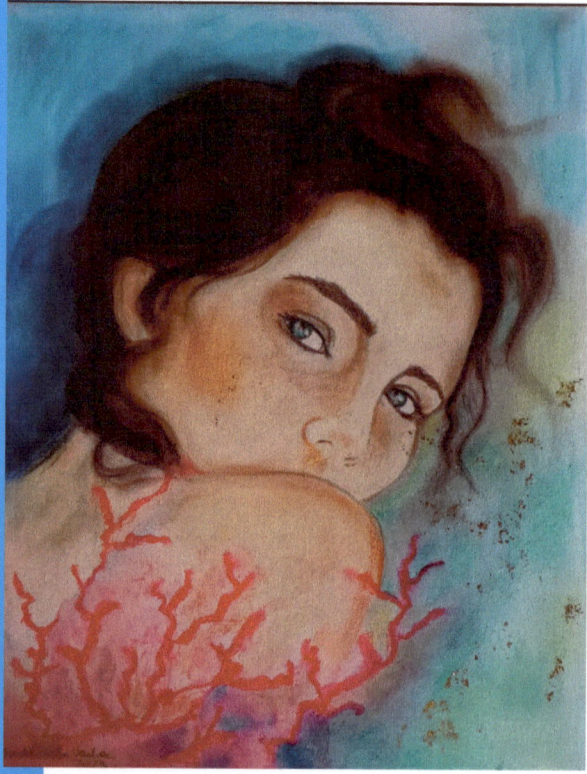

Emilia Della Vecchia
Marina 40X40 - Tecnica Mista

Emilia Della Vecchia
Rifugio sott'acqua 30 x 40
Pastelli Rembrandt su tela

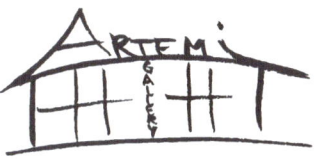

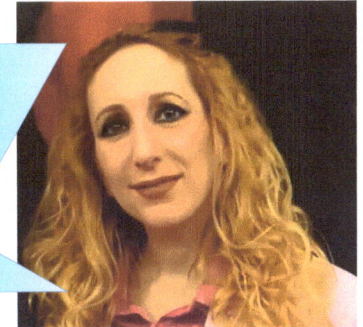

Emilia Della Vecchia è artista introspettiva, legata ad un figurativo empatico, di forte impatto visivo, spesso materico, si avvale dello spatolato che, con le sue corposità, cattura la luce imprigionandola in una *texture* che delinea e realizza il disegno stesso. Particolarmente efficaci risultano, in questo caso, i paesaggi marini, le distese blu che si allontanano in un orizzonte sognato, da perseguire, forse raggiungere: i tramonti e le albe, tutt'uno con le superfici cerulee del mare, densi e vigorosi, nelle pennellate che costruiscono l'onda e la sua curva, sono i protagonisti di visioni cariche di pathos e profonda emozione. Tali raffigurazioni nascono dal sentimento della memoria, è il ricordo, delicato o malinconico, sempre ardente e vivo, che legato ad un paesaggio lo evoca nella sua potenza naturalistica, nella sua forza cromatica, nella sua lirica essenzialità.

L'artista sonda lo specchio dell'onda e, al contempo, i suoi abissi, suggerendone una percezione anche simbolica: le ali, leggere, di bianchi gabbiani che baciano i riverberi dei flutti appena accennati, divengono metafora di ricerca, libertà ed affrancamento; i coralli, purpurei e rosa, beltà preziose e nascoste, da scoprire e proteggere, nel mistero d'una profondità che è ventre e vita.

In quest'analisi del contrasto e dell'unione tra superficie ed abisso, s'inserisce la ricca indagine pittorica sul femminile: le protagoniste di Emilia Della Vecchia narrano di attese, tenere e perdute nella rimembranza; di ferite inferte all'innocenza e alla dolcezza, curate in solitudine con estremo coraggio; del bacio, fragile, all'alter ego nell'estremo bisogno di amarsi a dispetto dell'altrui crudeltà; di fanciulle dormienti, proiezioni di una percezione diversa, aperta all'ignoto. Occhi socchiusi, come delicate conchiglie, posseggono la malìa antica delle Sirene del mito, figlie dell'eros, lo esprimono nell'abbandono seducente degli sguardi e nelle *nuances* blu, care all'artista, che, improvvisamente, si accendono di dettagli vermiglio e porpora.

Donne e notte, liricamente insieme nel silenzio e nei chiari baluginii della luna sull'acqua, complici d'una poesia visiva e di un comune sentire fatto di arcana segretezza, di delicato desiderio, di timide paure, di agognato e dolce oblio. E se, nella serenità della notte, il cuore sopito trova la quiete, si risveglierà nel fuoco dell'alba come novella fenice che rinasce, di nuovo, alla vita e all'amore.

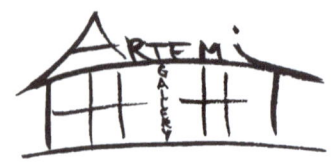

Riguardo un comparazione delle opere in catalogo di tecniche, tematiche e pathos nelle più note interpretazioni pittoriche del passato, sicuramente *L'onda* di Paul Gauguin, ricca di colori irreali e contrastanti vuole trasmettere, come Emilia nelle opere proposte, non un'immagine realistica ma emozionale, vicina al sogno, al ricordo; così come con *Il mare di Les Saintes Maries de la Mer*, Vincent Van Gogh, con un accurato spatolato, ha comunicato la delicatezza argentina e luminosa della curva dell'onda che sta per frangersi, ovvero la stessa levità di *Petali d'acqua*; infine, la stesura sensibile di *Mare d'autunno* di Emil Nolde infonde la potenza cromatica di un impressionismo sintetico e vitale, nel quale la densità materica è presupposto fondante come accade, concettualmente, nella costruzione dell'opera *Pieghe dell'anima*.

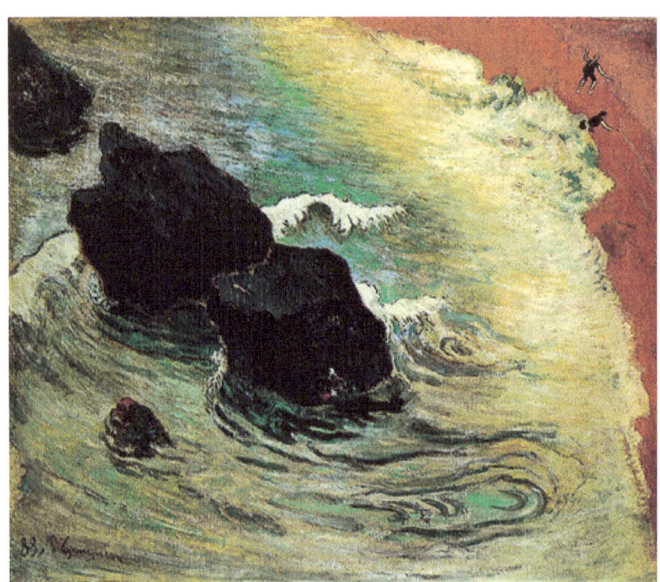

Paul Gauguin, L'onda, 1888, olio su tela, New York, collezione privata

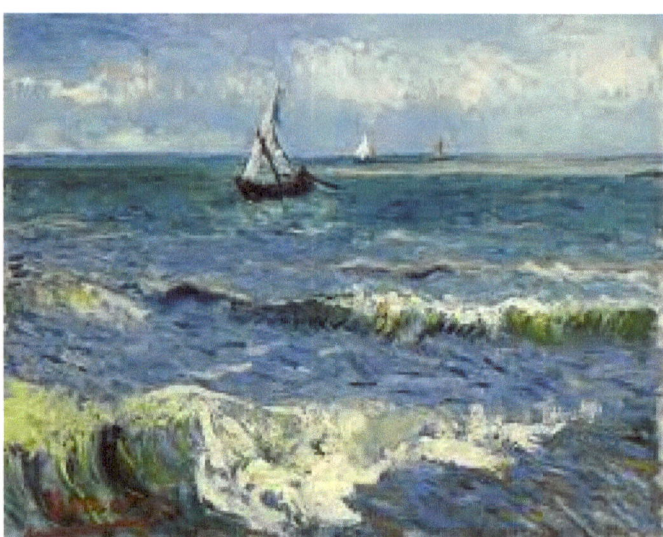

Vincent Van Gogh, Il mare di Les Saintes Maries de la Mer, 1888, olio, Museo Van Gogh, Amsterdam

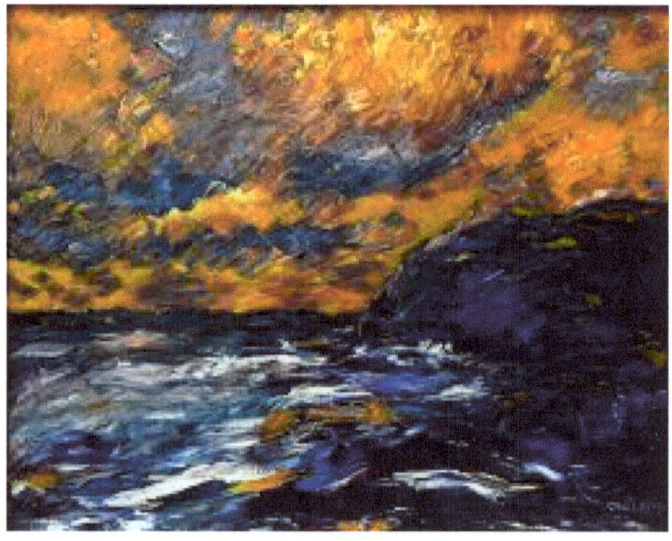

Emil Nolde, Mare d'autunno, 1910, olio su tela, Nolde-Stiftung Seebull

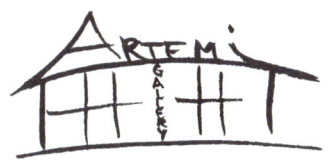

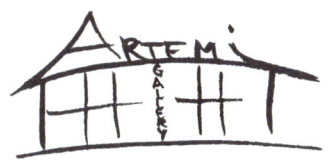

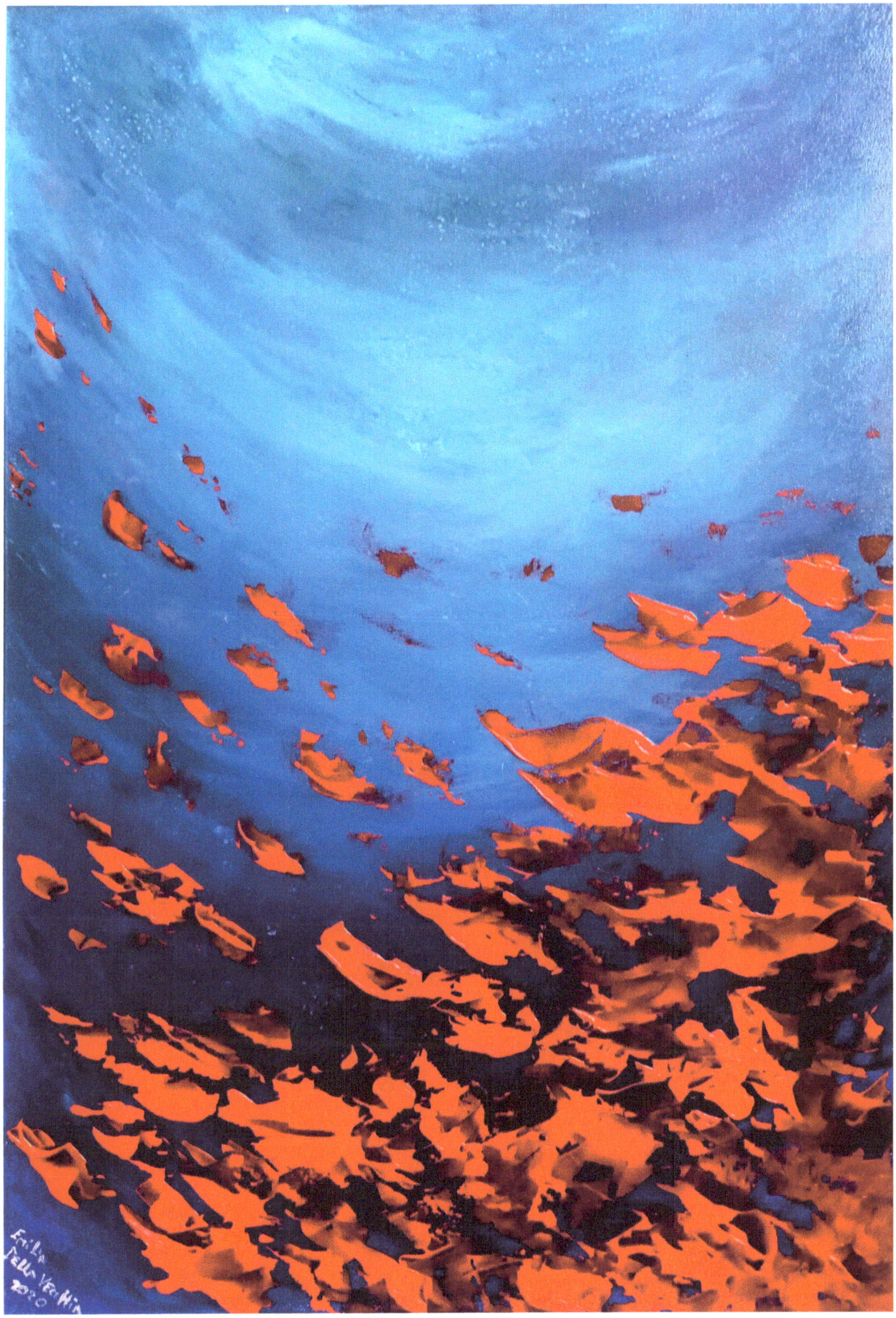

Emilia Della Vecchia - *Petali D'acqua Acrilico su tela 50 x 70*

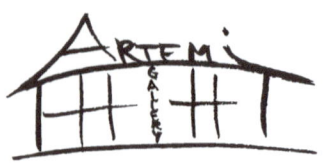

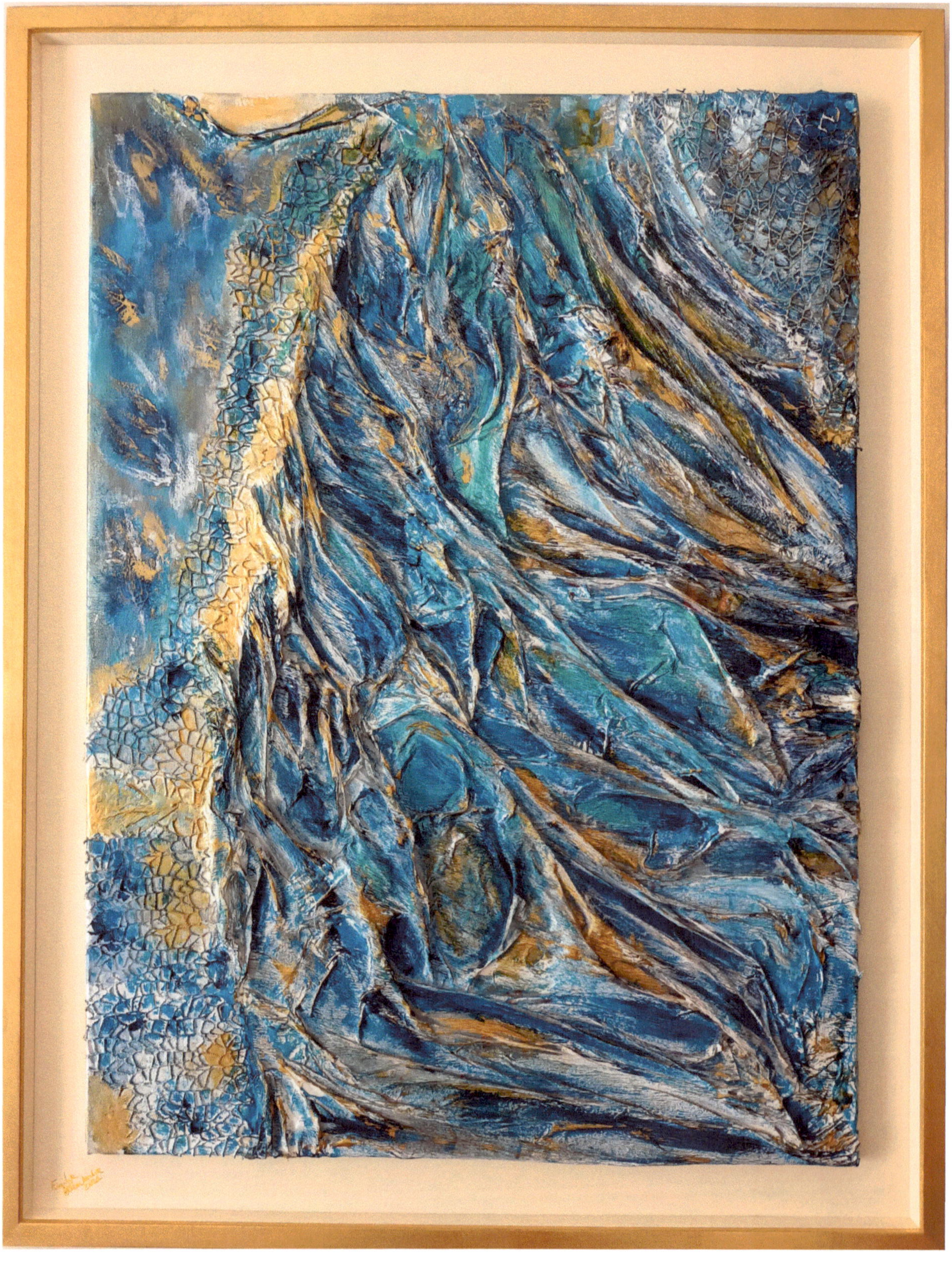

Emilia Della Vecchia - *Pieghe d'anima Acrilico su tela 75 x 90*

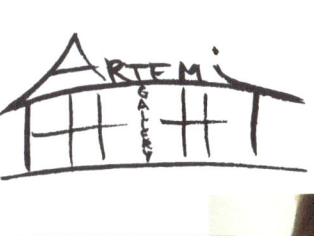

Versi d'Arte di
Marina Rosiello

scrittrice

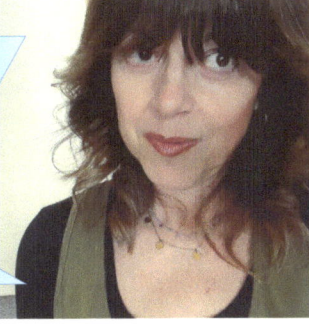

ENTROPIA

Quanto può dormire un'anima..?

Accartocciata , dimenticata
Estranea a se stessa
Ripudiata, misconosciuta,
Involuta, schiacciata
Immobile, svilita
Ripiegata, chiusa a chiave
Stracciata, calpestata
Non vista, nascosta
Irrisa, bistrattata
Svilita, barattata,
Venduta per due soldi
Fagocitata e poi sputata.

Il tempo di tutto ciò.

E dopo, soltanto dopo
Può ricomporre se stessa.
Ricordo dopo ricordo
Lacrima dopo lacrima
Rinuncia su rinuncia
Un addio dopo l'altro
Uno strappo alla volta

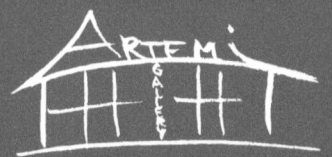

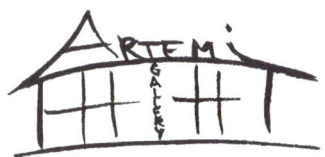

Francesco Galdo

Salerno

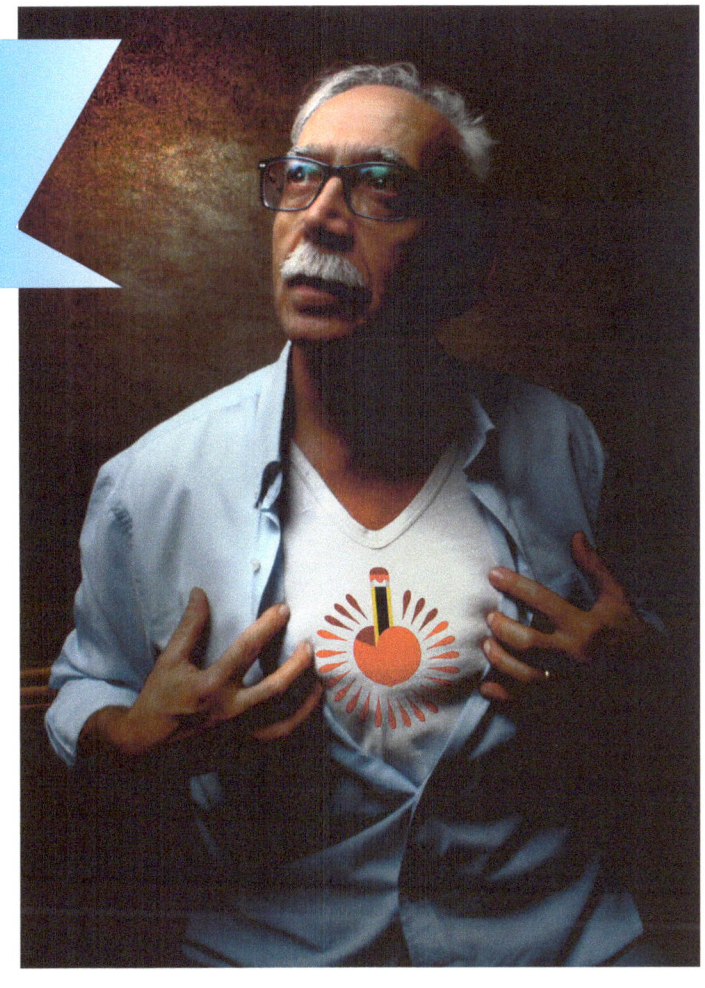

Il maestro Francesco Galdo, laureato all'Accademia di Belle Arti di Napoli si forma come artista multidisciplinare. Diventa direttore Creativo nel campo della comunicazione ed entra a far parte dell'ADCI italia (Art Director Club). La sua arte è una lente di ingrandimento sotto la quale piccoli frammenti del vivere si mettono in luce. Un tempo bloccato dove ritrovare i ritmi reali. Visioni oniriche che evidenziano lo spessore dell'anima. È il Curatore della rubrica @mostrarti su facebook, dove mette a confronto gli artisti di tutta Italia con videointerviste live mirate all'approfondimento della parte umana dell'arte.Crea e mette in atto i progetti /mostre "mai visto così" ed "i selfie dei pensieri", portando l'arte nei luoghi non deputati, avvicinandola alla gente comune. I temi preferiti della sua arte sono l'ecologia ed il cibo non cibo (rispetto per ogni forma di vita). L'opera: "il virus siamo noi" scultura realizzata in materiali misti, altezza 1,70m è in esposizione permanente presso il comune di Baronissi.

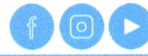

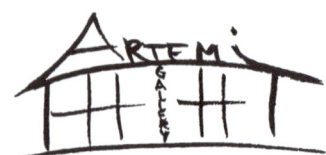

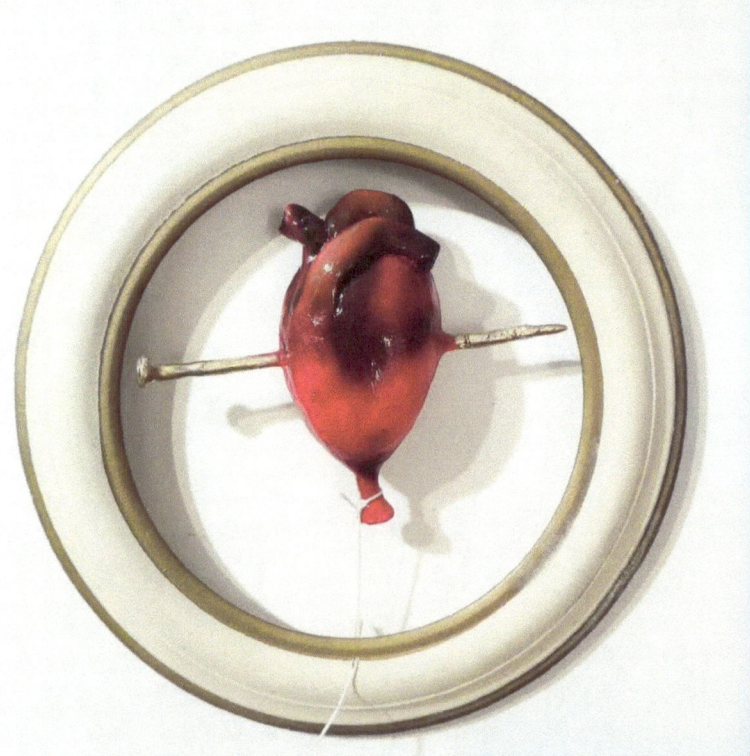

Francesco Galdo
-animali da compagnia-
2021 pasta di mais resinata
in gabbia H70xL40xP40 cm

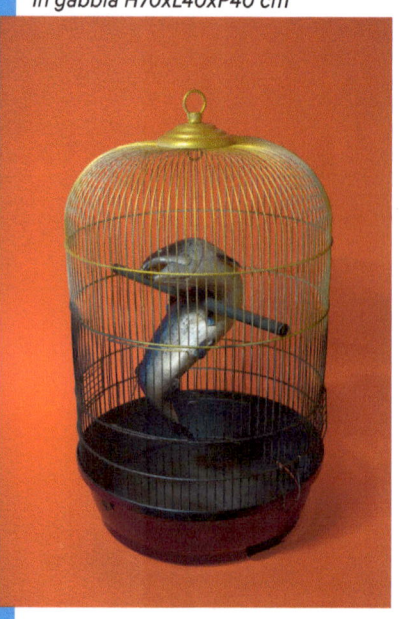

Francesco Galdo
-amore/dolore- fluttuante
2023 schiuma di carta dipinta
cornice riciclata H30xL30xP6cm

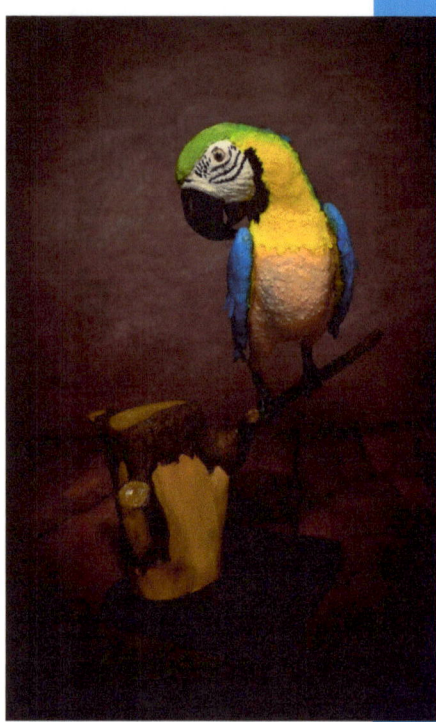

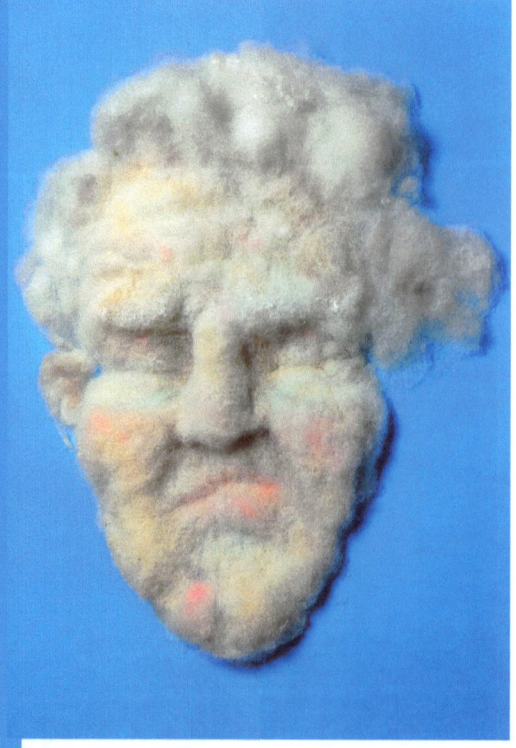

Francesco Galdo
-apparenze- 2022 pasta di mais resinata
base legno massello H40xL30xP25cm

Francesco Galdo
-umanità- 2022 fibra sintetica
formata ad ago H30xL21xP6cm

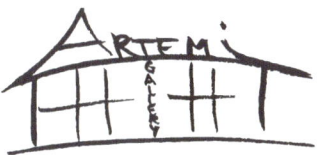

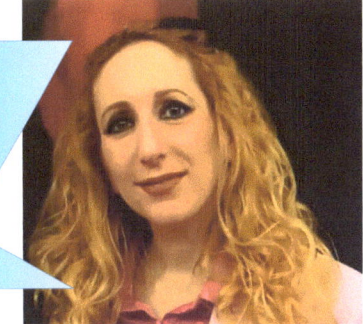

Francesco Galdo presenta un'indagine ironica, onirica, profondamente intrisa d'introspezione e assolutamente capace d'interpretare la complessa contraddittorietà del vivere contemporaneo carico di ossessioni, idee, manie e stili. L'artista, attento conoscitore di numerose tecniche espressive, che vanno dalla scultura, attraverso l'utilizzo di materiali tradizionali a quelli meno convenzionali, al disegno realizzato con la vasta gamma di pigmenti che la disciplina pittorica fornisce ai più talentuosi, ricerca e ottiene nell'osservatore una condizione di curiosità e spaesamento, certo la stessa raccomandata da André Breton nei suoi noti "manifesti", ma con una novità di non poco conto: il superamento dell'inquietudine e del turbamento tanto cari alla poetica surrealista. Tale *modus operandi* consente all'artista di creare opere, per lo più sculture, mai monosemantiche, ma narranti mondi e modi anche opposti. Fulcro della visione per il fruitore e della stessa costruzione dell'opera è, dunque, un lirico *ludus* nel suo aspetto filosofico, nel suo significato più pregnante: il gioco come attività precipua della natura umana che non persegue fine esterno e neppure è ispirato da uno scopo razionale, ma un atto ove sensibilità e razionalità convivono rendendo ognuno libero. E' quest'ultimo aspetto, quello della libertà interpretativa dell'immagine, che declina le opere di Francesco Galdo: lo specchio è assente di rifrazione se non nell' "impressione" di un ricordo; la celebrazione apparente nasconde l'ovvietà; l'amore, seppur aureo, imprigiona la vita e piano la uccide con l'egoismo; il cibo imbocca l'osservatore, ed egli, dal canto suo, è invitato a scegliere tra sagaci e argute dicotomie che discutono temi importanti, attraverso il sottile disagio suggerito da un sapiente disorientamento visivo. Curatissime anche dal punto di vista tecnico ed estetico, le opere di Francesco Galdo, catturano per la loro bellezza e per il mistero, seppur ammantato, sovente, di sarcasmo, ridonando all'arte contemporanea quella funzione emancipatrice e affrancatrice che, troppo spesso, si è perduta preferendole una sterile, volgare e stanca provocazione fine a se stessa.

Nelle opere proposte nel catalogo, attraverso un elemento ricorrente che, in questa ricerca diviene firma allegorica dell'artista, ovvero un polpo che avvinghia, riemerge e cinge oggetti e soggetti, vi è la duplice, antitetica lettura di *limite* e *possibilità*: è vero che l'animale costringe e obbliga, ma i suoi molti tentacoli sono simbolo di azione e d'iniziativa. Nell'opera *Non vedo, non parlo, non sento* l'accusa ad un consumismo esasperato e incontrollato è palese, anche in riferimento al noto

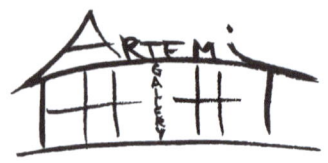

marchio, emblema dell'imperante appiattimento del gusto, ma il polpo ne affiora forzandone la struttura, materiale e culturale, e s'impone quale scelta di andare oltre la percezione comune del buono e del gradito, ci spinge a guardare dal "di fuori" rispetto a pseudo desideri e ipocrite tendenze. Un raffronto potrebbero essere le sculture di cibo gigante di Claes Oldenburg, opere legate alla cultura pop degli anni Sessanta, come *Giant BLT*, studiate per suscitare la condanna al soddisfacimento indiscriminato di bisogni non essenziali, alieni da ideali, rappresentando il disgusto per quegli alimenti che, in realtà, non hanno mai abbandonato le tavole americane.

Nell'opera *Il male di vivere*, invece, il polpo sembra proteggere e imprigionare al contempo l'uomo rannicchiato su se stesso. La costrizione delle spire nella storia dell'arte ha, iconograficamente, esempi illustri che vanno da Gustave Doré con le raffigurazioni infernali delle punizioni dantesche dei ladri, fino al gruppo marmoreo del Laocoonte, laddove l'uomo cede al ferino. La contrazione e la sofferenza del soggetto, invece, nella scultura di Galdo, è un chiaro riferimento al dolore invisibile dell'anima che, tristemente e saldamente, mortifica e vince, ma anche stavolta la lettura dell'opera è, come si è detto, ambivalente. Da questo punto di vista è ravvisabile uno storico riferimento al dibattuto dipinto di Edvard Munch *Amore e dolore* anche conosciuto come *Il bacio* o *Vampiro*, nel quale una donna dai lunghi capelli rossi, simili a tentacoli o rivoli di sangue, abbraccia, sovrastando, un uomo ripiegato su se stesso che sembra, da un lato, difeso e aiutato da tanta amorevole cura, dall'altro soccombere ad una stretta che si rivelerà mortale. Una condizione, quest'ultima, simile a quella che attanaglia l'Artista d'ogni tempo, col cuore nel palmo, gentile e feroce, dell'Arte.

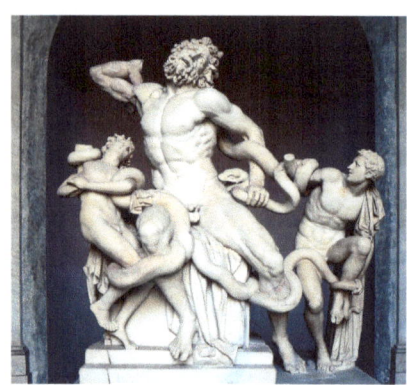

Polidoro e Agesandro, Atenodoro di Rodi,
Gruppo marmoreo del Laocoonte,
Musei Vaticani

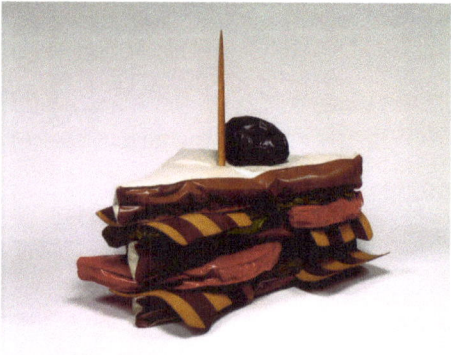

Claes Oldenburg. Giant BLT
(Bacon, Lettuce and Tomato Sandwich), 1963

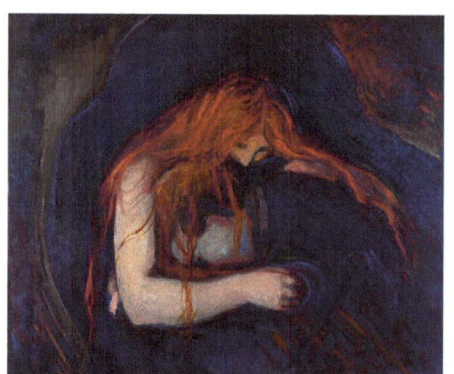

Edvard Munch, Amore e dolore, 1893
olio su tela, Oslo

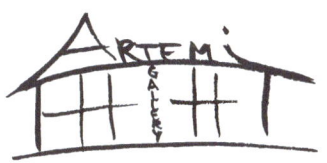

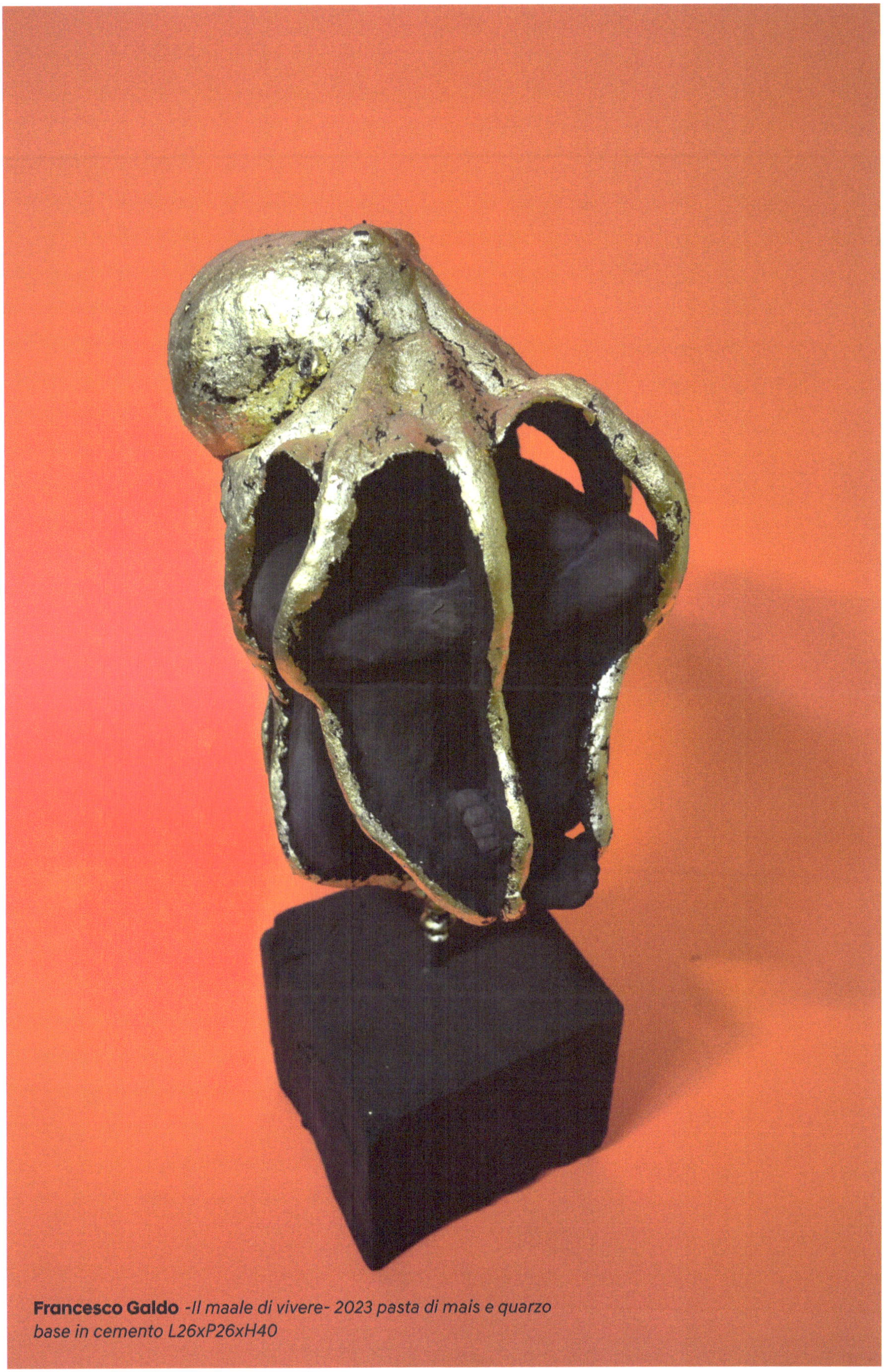

Francesco Galdo -Il maale di vivere- 2023 pasta di mais e quarzo
base in cemento L26xP26xH40

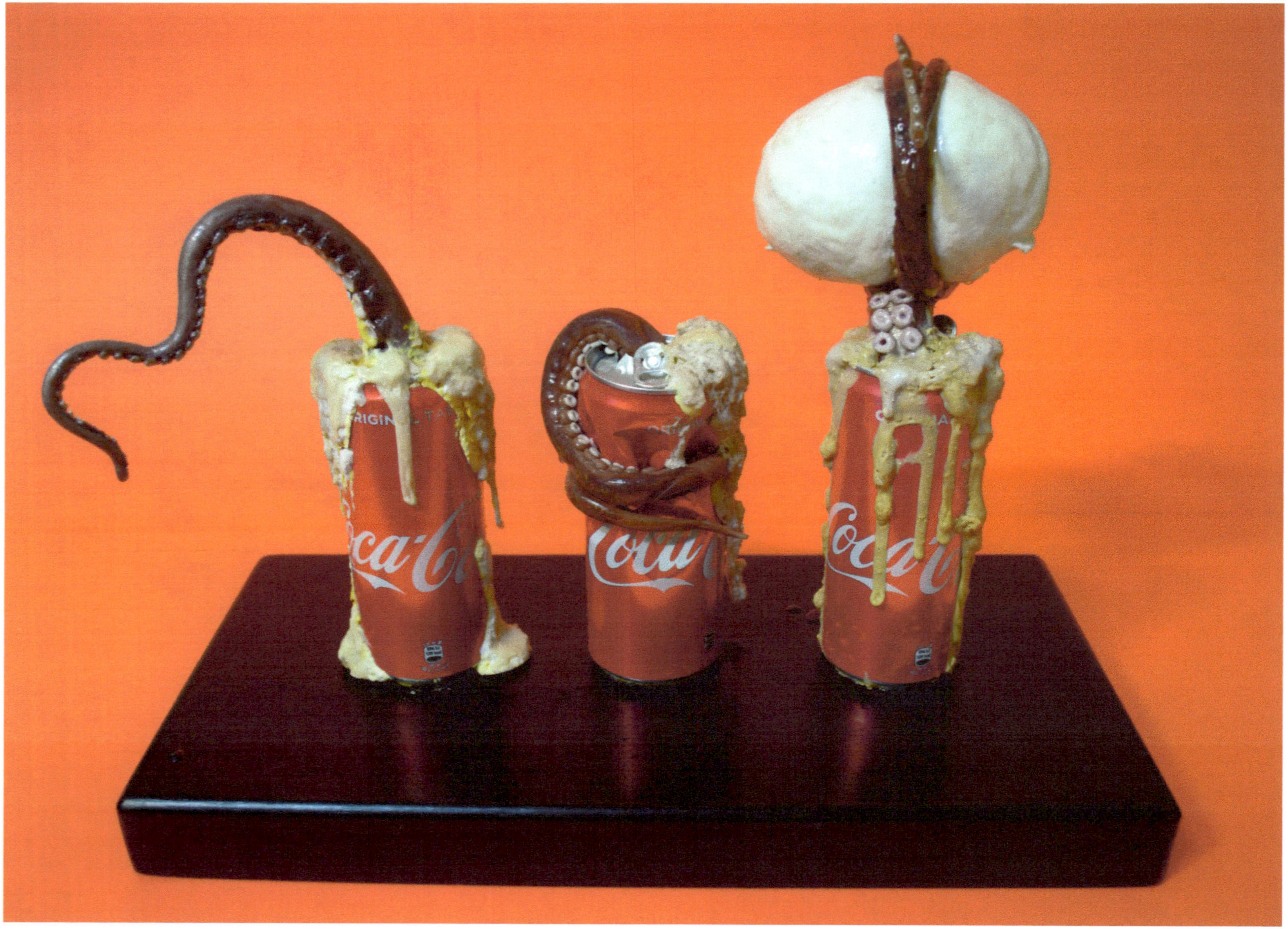

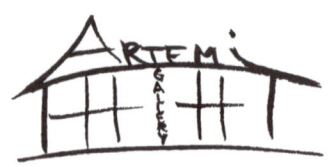

Francesco Galdo - *Non vedo, non sento, non parlo – 2022 pasta di mais resinata base in legno massello L30xP25xH30*

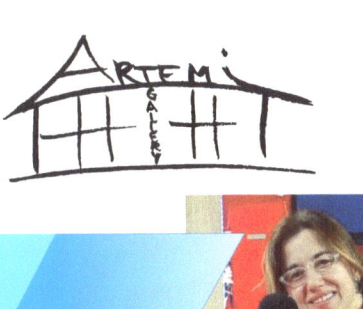

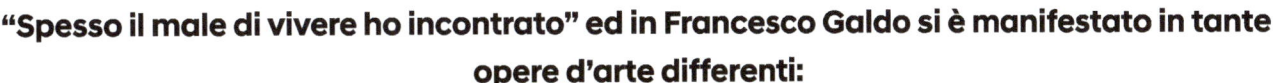

"Spesso il male di vivere ho incontrato" ed in Francesco Galdo si è manifestato in tante
opere d'arte differenti:

palle sagge,

polpi intrappolati,

delfini plastificati,

gabbiani disorientati,

in cui traspare in maniera garbata un grido di dolore, un dissentire per un mondo che è
incapace di reagire.

L'umanità è uscita difettata come se fosse stata sabotata.

La sensibilità si è esiliata.

Però, Francesco ha deciso di dare il suo diverso contributo aprendo un canale di
comunicazione differente, originale non banale in cui arriva a consegnare una grande
lezione: l'emozione.

Rappresenta la vita che non è finta, che non è finita e la sua bellezza diffonde una
speranza di salvezza.

Come si dice "la bellezza salverà il mondo", in questo caso anche attraverso un diverso
racconto per :

dimostrarti,

rimostrarti,

MOSTRARTI.

Questa è la scelta che ha fatto Francesco Galdo un CREA VIVO e non di certo un Divo.

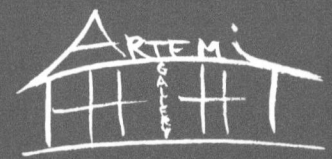

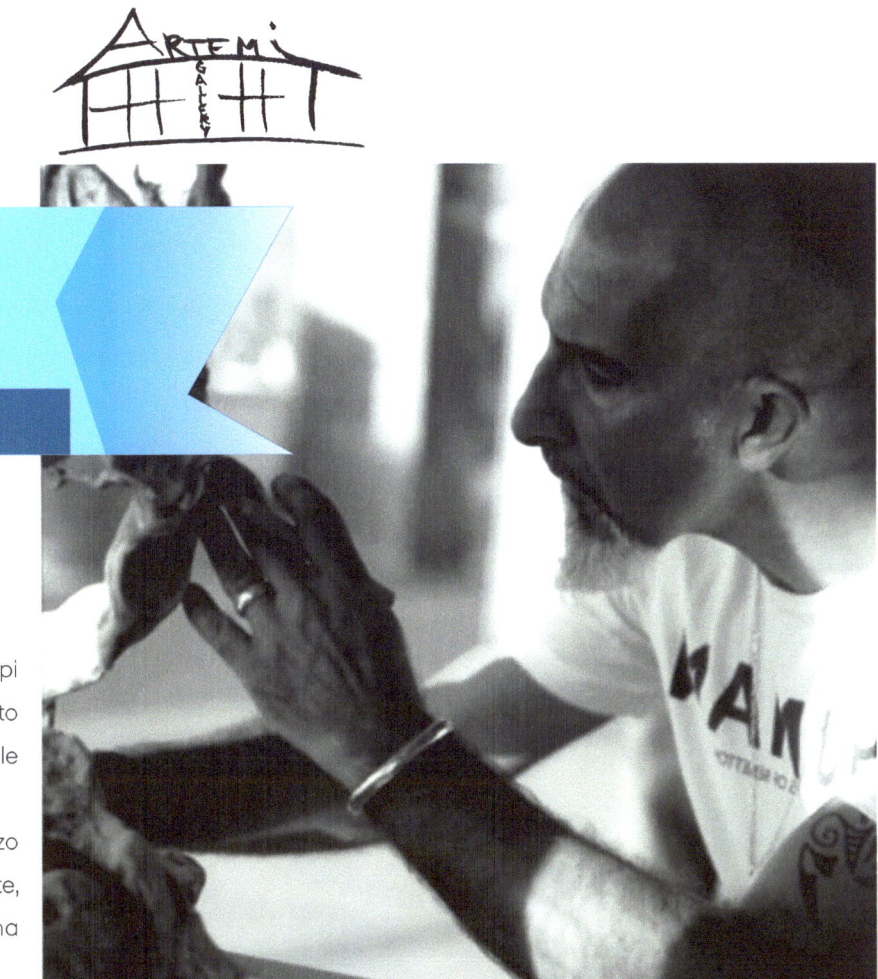

Davide Mirabella
Pozzuoli

Sono un'Artista autodidatta dei Campi Flegrei. Sin da bambino sono affascinato dalla manualità e dalla natura, in tutte le sue sfaccettature.

Le mie opere sono realizzate con l'utilizzo di radici raccolte nei fiumi e laghi, lavorate, raffinate e plasmate, affinché l'anima possa riemergere libera e forte.

Il tema ricorrente delle mie opere, rappresenta la volontà di ridare vita a del legno apparentemente morto e che comunque aveva una vera vita passata "L'albero". Nulla muore realmente, ma tutto si rigenera. Le sue opere identificano dunque, la vita che continua all'infinito, incurante dei segni del tempo.

Un ritorno prepotente, alla propria giovinezza, dove è lecito sognare e credere nell'immortalità

Presente alla Mostra Collettiva in Ambasciata Araba Egiziana Roma, ideata e curata da Dott.ssa Antonella Nigro.

Partecipazione a varie Mostre internazionali

* Liber curata dal critico d'arte Antonella Nigro presso La Biblioteca Angelica Vaticana

* Corte dei Massi Capodrise (CE): Mostra Pittura e Scultura "Natura e Donna curata da Emilia Della Vecchia e Davide Mirabella.

* My Herat Mostra Collettiva: Museo Archeologico Nazionale di Volcino Buccino SA ideata e curata dalla Dott.ssa Antonella Nigro

* Evento Arte e Moda Prendono Forma, presso Galleria Borbonica, curato da Visivo Comunicazioni.

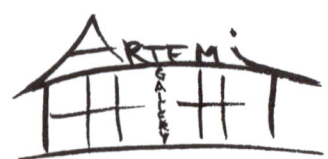

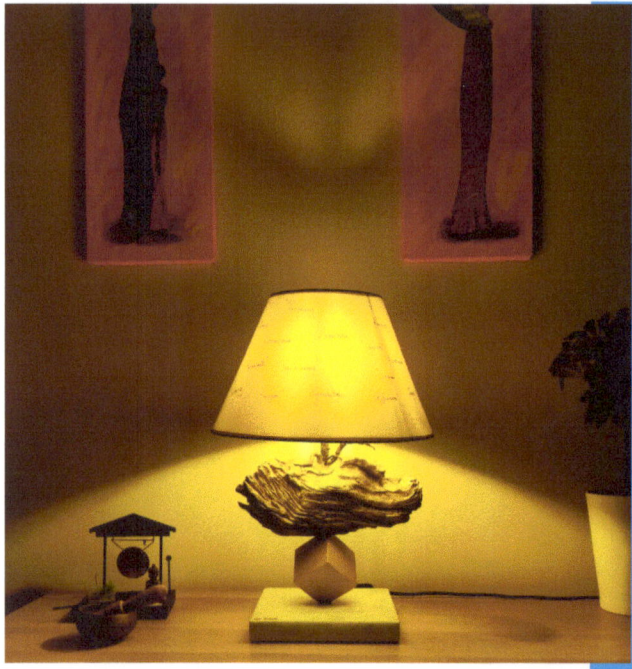

Davide Mirabella
-il cubo -
H50XL25X25cm

Davide Mirabella
-il tempo
H54XL26X25 cm

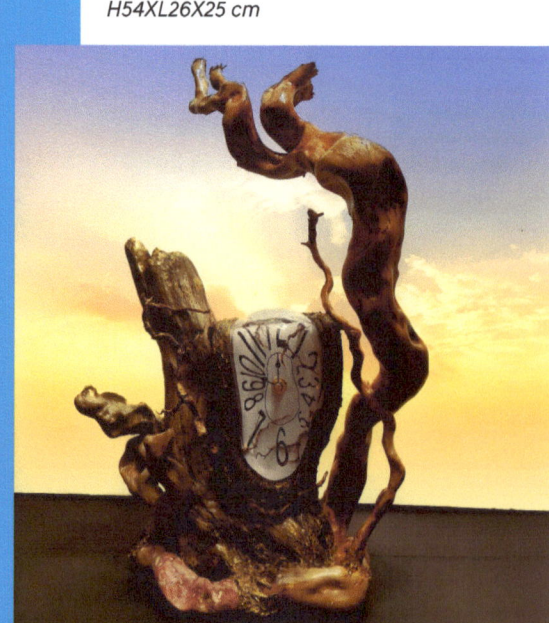

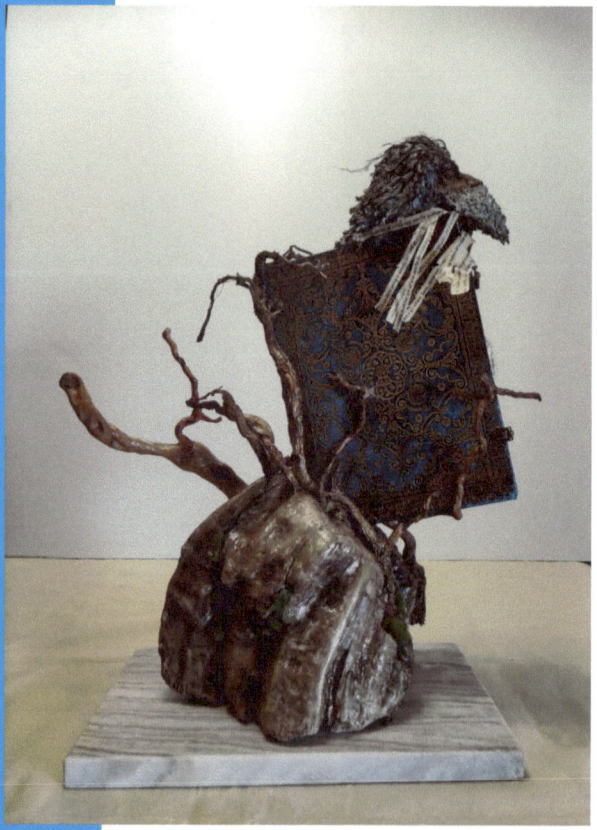

Davide Mirabella
-il sapiente - base pietra lavica Bucciardata
proveniente dalla Sicilia vulcano Etna
H80XL34X20cm

Davide Mirabella
-il Custode dei sogni
H47XL30X21cm

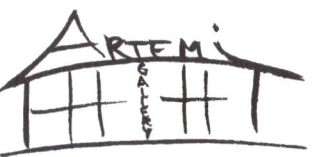

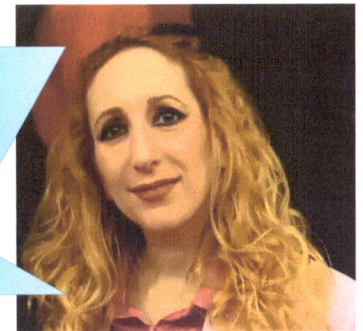

L'arte di Davide Mirabella si basa su un concetto di rinascita del materiale, il legno, che concluso il suo ciclo vitale, abbandonato nell'ambiente naturale, riceve nuova linfa simbolica ed espressiva dall'artista.

Le radici e i rami trovati lungo i corsi dei fiumi o sulle spiagge, diventano, così, preziose intuizioni poetiche, create dalla Natura poi sublimate dall'uomo che in esse è capace di vedere nuove forme e nuovi significati. Le sculture di Davide Mirabella divengono una celebrazione del mondo naturale e della creatività dell'uomo, rendendo magico il rapporto dell'essere umano con la vita pulsante del mondo.

Davide Mirabella apre una nuova, inedita dimensione allo sguardo e all'oggetto che va a plasmare: egli riesce a trasformare semplici elementi naturali in suggestive sculture attraverso una visione lirica improntata alla trasfigurazione estetica. Ogni opera diviene riflesso della sua personale esperienza di vita, in un eterno collegamento sacro che tutti gli uomini condividono con la Natura.

L'artista, nella sua ricerca, evidenzia la bellezza del legno, dei piccoli nodi, delle delicate screziature, delle acute ferite, delle morbide curve come ispirazione per le sue sculture: studia e analizza conformazione, sagoma e struttura del legno scelto e, in base a queste, con attenzione incide, aggiunge, leviga, sottrae per estrapolarne delicate figure che sposa, con sobrio equilibrio, a minerali e pietre.

Egli è consapevole che ogni pezzo di legno è già in sé opera d'arte, forgiata in parte dalle onde del mare o dei fiumi, dallo sfregamento di ciottoli aguzzi, dalla falce del vento, dalla macerazione inferta dalla pioggia, dall'inesorabile inaridimento del sole battente, ed è con essi, con la loro azione "creatrice" che si confronta in qualità di artista.

Sotto ogni corteccia, dentro ogni germoglio, che ancora primeggia sul ramo reciso, batte il cuore dell'infelice Mirra, su ogni fronda, ormai solitaria, si può ancora ascoltare l'invocazione di Dafne: ogni singolo ritrovamento, da solo, racconta una storia fatta di miti e leggende, realtà e sogno, viaggi e sconfitte, resistenze e mutazioni.

L'artista raccoglie queste narrazioni e le fa proprie, riscoprendo il senso della meraviglia che, presente nell'età dell'oro della fanciullezza, è come obliata nella maturità, uno stupore che, perduto, impoverisce con la sua assenza la capacità di "vedere" e di "sentire" empaticamente il cuore, profondo e unico, di ogni attimo.

Il messaggio proposto dall'artista è relativo, dunque, non solo all'importanza dell'armonia, della natura, del pathos, della contemplazione, ma anche al *tempo*, sentito come un'eterna ciclicità: nulla muore, ma tutto è sottoposto ad una metamorfosi che, trasmutando senza tradire l'essenza, ridona, infine, una vita singolare, inaspettata, d'una bellezza unicamente diversa dalla precedente.

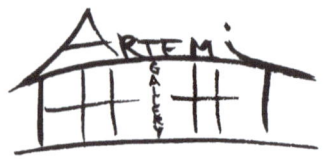

Un parallelo contenutistico e stilistico con la storia dell'arte, può essere fatto con alcune opere di grandi del Novecento come Vincent Van Gogh che, con il misterioso dipinto *Albero, radici e tronchi*, narra della forza della natura, della sua insita bellezza, del suo vigore in una selva, da sempre metafora della vita umana, che tra ostacoli e imprevisti è, però, pronta a celebrare la rinascita; o ancora all'opera *Albero rosso* di Piet Mondrian che anticipa la stilizzazione dello stesso soggetto fino alla sua dissoluzione nella linea pura, una semplificazione delle forme che sono precipue anche della ricerca di Mirabella; fino alle proposte di Giuseppe Penone che, nell'ambito dell'arte povera, con *Ombra di terra* concepisce un rapporto diretto e interdipendente tra uomo e ambiente ove elemento principale di elaborazione è l'albero, ovvero lo stesso che Davide pone *ab origine* di ogni sua ispirazione.

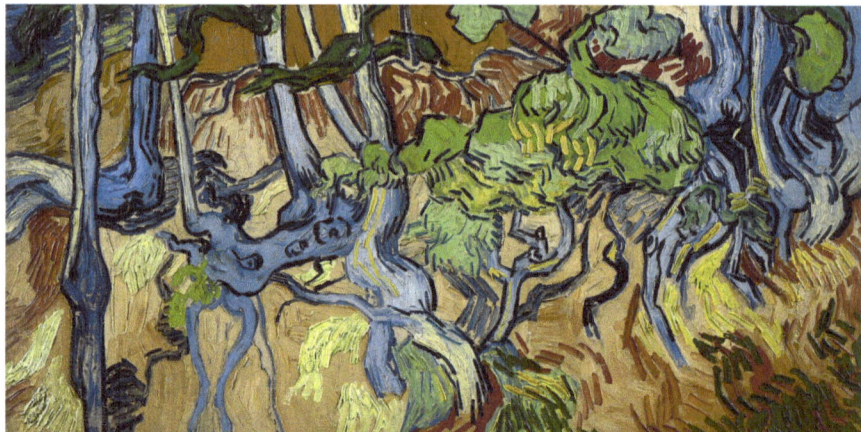

Vincent Van Gogh, Albero,
radici e tronchi, 1890,
olio su tela,
Amsterdam, Museo Van Gogh.

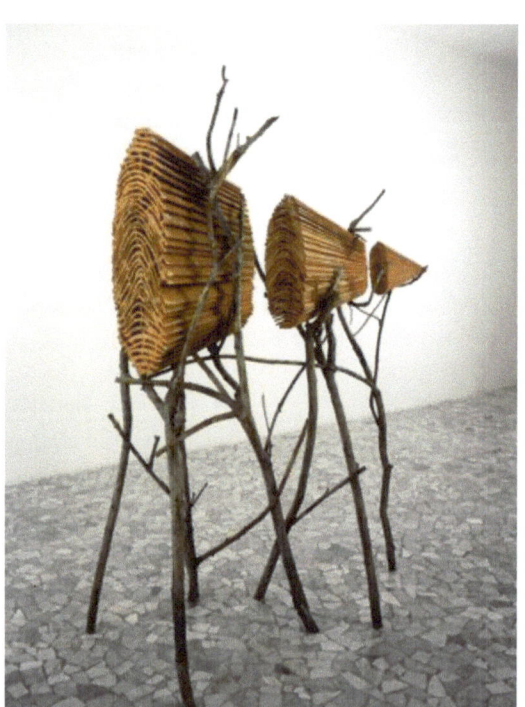

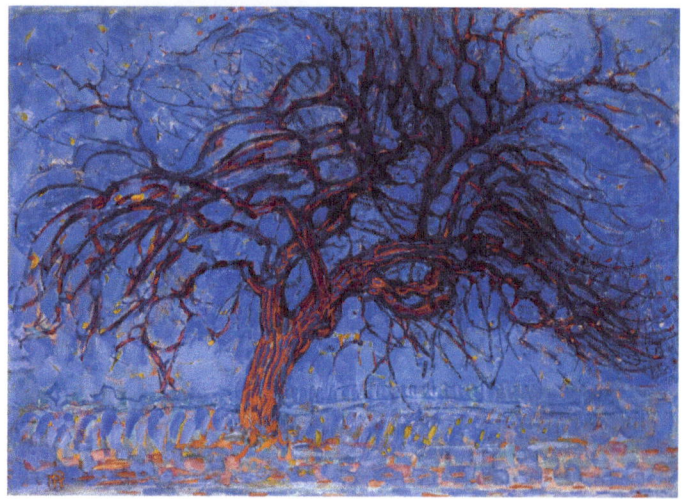

Piet Mondrian, Albero rosso, 1909, olio su tela,
Gemeentemuseum Den Haag, L'Aia

Giuseppe Penone, Ombra di terra, 2000, bronzo terracotta,
Fondation Hubert Looser, Zurigo

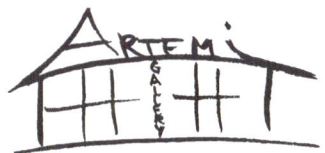

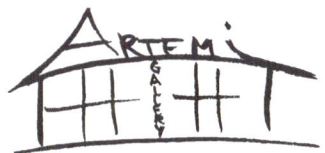

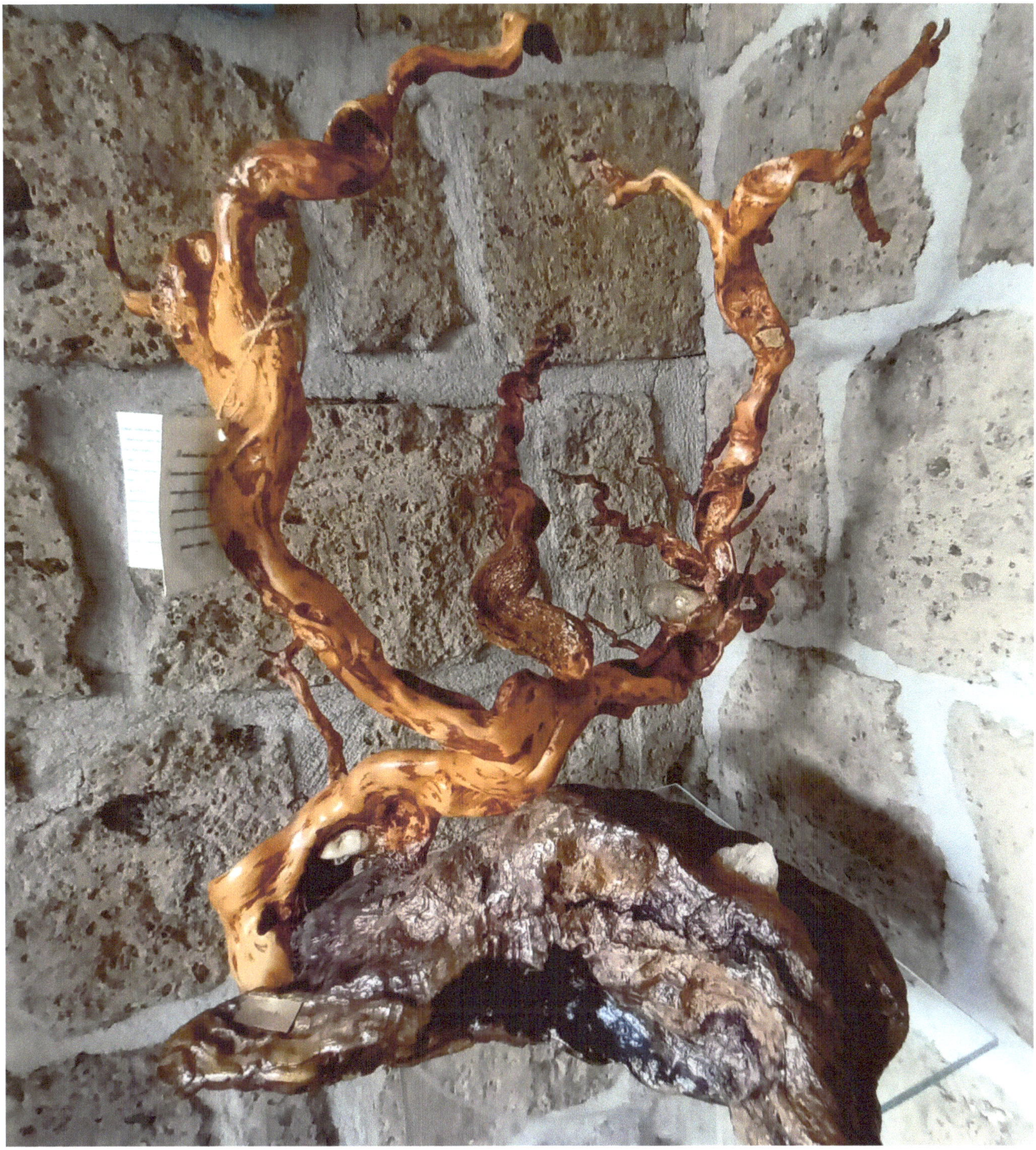

Davide Mirabella *-Rinascita-*
H60XL50X30 cm

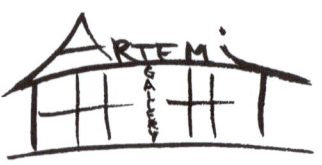

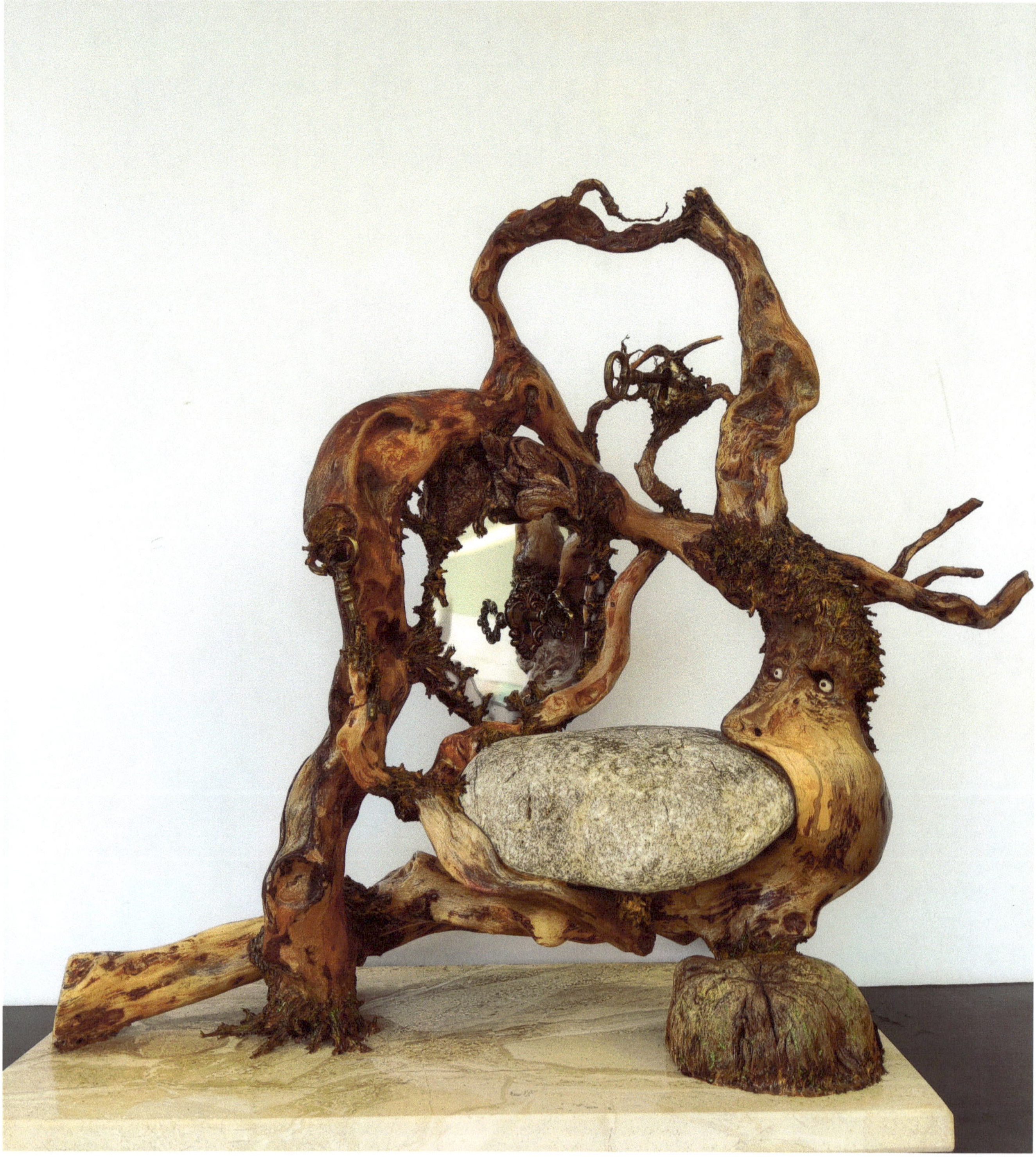

Davide Mirabella *-Le porte del mondo-*
H50XL50X24 cm

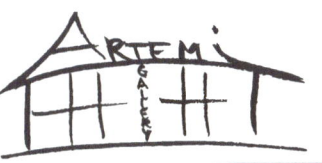

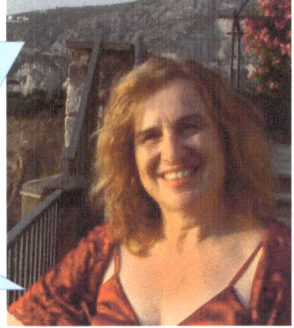

Le radici di Mirabella si inseriscono nello spazio del tempo e ne traggono luce... Si scorge il principio dell' "Anima Mundi", lo spirito del mondo che abita il silenzio delle grandi foreste, sorretto dalla mano invisibile della madre Terra: è necessario intrecciare la propria vita al mondo per percepirne l'intensità e il valore intrinseco e affidare la propria anima alla natura che ne ricopre con dolcezza i momenti significativi.

Un intreccio di rami che, come braccia rivolte verso il cielo, racchiudono mosaici screziati di sensazioni uniche, che attraversano i sentieri del tempo e ricalcano le tracce remote del passato, come sogni di una realtà antica: sono sbarre di pensieri che sembrano fermare il tempo, creare una rete invisibile, in cui le emozioni si riflettono su uno specchio oscuro. L'amore, come un bagliore improvviso scioglie i fili intrecciati del vivere e li riannoda a poco a poco in un mosaico multicolore: il cuore diventa un ricettacolo di emozioni e gioia che si espande, sconfiggendo la tristezza come un treno in corsa verso il futuro. Emozioni che tengono avvinto il proprio cuore e che scaturiscono da un alveo di certezze che ti tengono unita alla realtà immutabile.

Attraverso questi elementi artistici, si diventa consapevoli dell'importanza di scardinare a poco a poco il centro del mosaico di sensazioni vissute e che hanno costituito un punto fermo, incapace di irradiarsi al mondo, liberando gli elementi che hanno frenato il proprio anelito alla libertà.

Un'aura magica che avvolge l'anima, un cerchio di silenzi che celano parole mute, ma dense di significato che rivelano il senso della vita e accarezzano le curve dell'anima, una ricerca incessante nel profondo di se stessi, per attingere ad un'essenza profonda da cui partire per trasformare la propria vita e darle un nuovo valore, trattenendo i dubbi del pensiero in una rete, i cui frammenti sono rilucenti di amore e si innalzano verso il cielo. Il bagliore che attraversa il sogno percorre miriadi di frammenti del cuore in un turbinio incessante di realtà immaginifiche che si rivelano latori di un messaggio di speranza.

Una fantasmagoria del vissuto, attraverso frammenti screziati di passato che fanno da specchio ai dubbi dell'anima, per trovare la chiave che si insinua tra gli anfratti dell'io e ricrea l'equilibrio del nostro mondo interiore, lembi dispersi delle solitudini antiche e li ricompone in un mosaico cangiante, mentre il faro che illumina le nebulose dell'anima che riscoprono i segreti imprescindibili dell'essere.

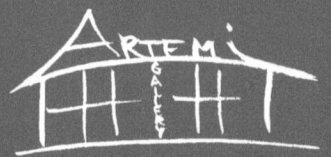

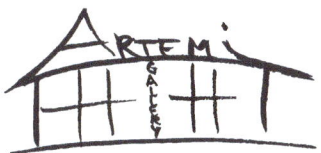

Dora Romano
Napoli

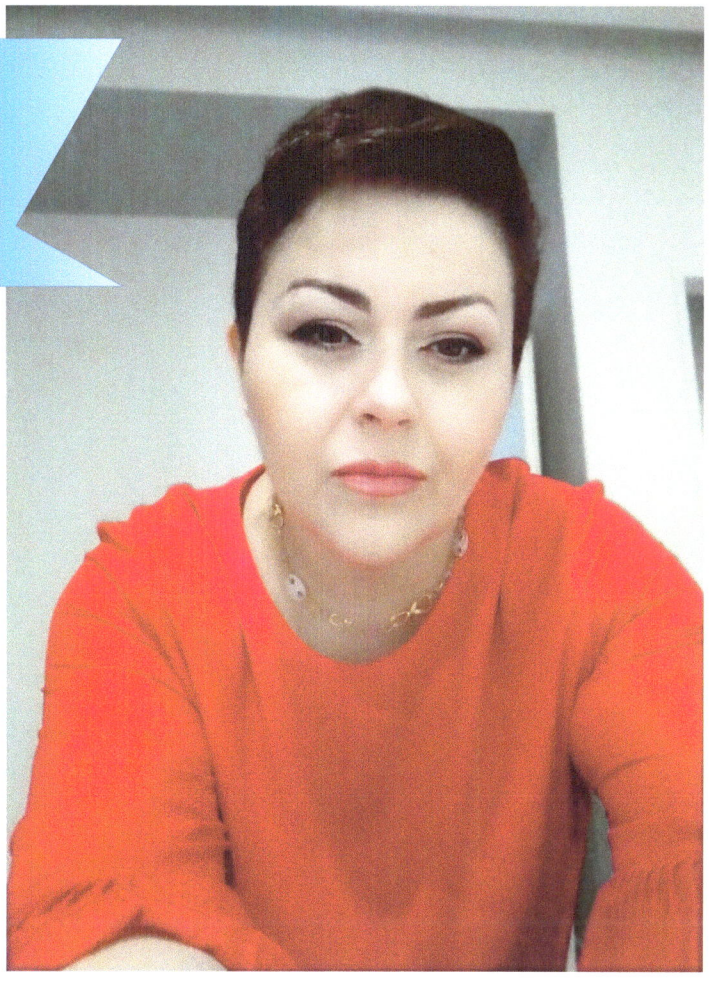

Architetto, artista e docente di Arte.

Negli anni sviluppa una sensibilità verso il mondo dell'arte contemporanea in tutte le sue sfaccettature, amalgamando nella sua personale essenza l'arte visiva, l'architettura e l'ambiente che la circonda. Donna eclettica, la sua arte riflette esattamente ciò che lei è. Si esprime nella sua totalità soprattutto attraverso la pittura, mai fine a se stessa. Nella sua ultima ricerca si veste di astrattismo, arriva in maniera potente il bisogno del colore e di luce come necessità vitale dopo un "viaggio all'inferno" che segna inevitabilmente i suoi nuovi punti di vista. Il traguardo tanto ansiato è la trasparenza e la luce. Nel 2010 si introduce nel circuito artistico nazionale lavorando soprattutto su opere disegnate a penna. L'amore per l'olio le nasce frequentando atelier di artisti contemporanei che la proiettano verso il colore ed il realismo contemporaneo. Nel 2013 vive con entusiasmo la realizzazione di opere per la sua prima personale tenuta a Bergamo presso la galleria "Mazzoleni". Nel 2014 cura il primo progetto di "Premio Fracta Domus" di carattere internazionale con l'omonima l'associazione di tecnici liberi Frattesi". Il biennio 2014/15 le riserva un calendario colmo di mostre personali e collettive, Milano e Londra le mete più "a Nord". Partecipa a collettive nazionali e non come: I. T. V. Holz Art Gallery con l'evento "Il Gusto dell'arte nel 2011 a cura di Luana Raia; Mantova Art-quake da Alberto Agazzani 2013 presso Casa del Mantegna (Mantova); Human rights - migrante presso Fondazione opera Campana dei caduti a Rovereto, a cura di Roberto Ronca; a "La casa di Schiele"13*18 di Benevento nel 2014; X Giornata del contemporaneo "Venti Stanziali" a cura di Enzo Marino nel 2014, polo universitario telematico IRSAF-UNITELMA SAPIENZA; Aqua: aqua nascimur, rassegna d' arte a cura di Angelo Calabrese 2014; bi- personale Dora Romano / Antonio Iazzetta presso la galleria "Civico 103" di Aversa (CE) 2014; esposizione AN Art Area research 2015; PRESENZE CONTEMPORANEE | edizione 2016 presso la galleria "independent Artists" di Busto Garolfo (MI) a cura di Paolo Feroce ;

Presenze contemporanea a cura di Paolo Feroce, Museo PAN di Parete (CE)edizione 2020 e 2023.

KOMOREBI è l'ultima mostra personale, curata da Emilia Della Vecchia dello spazio espositivo Artemi di San Nicola la Strada (CE) che permette all'artista di mostrare la sua ultima collezione di opere dall'alto profilo espressivo.

VISION - Ars Mundi_Summer 2023,a cura di Paolo Feroce - Eremo di San Bernardino - Santuario Maria SS. dei Lattani Roccamonfina (CE) - 8 luglio/26 agosto

dorarch@gmail.com

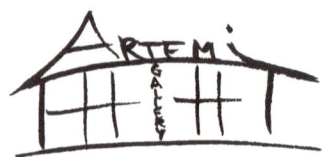

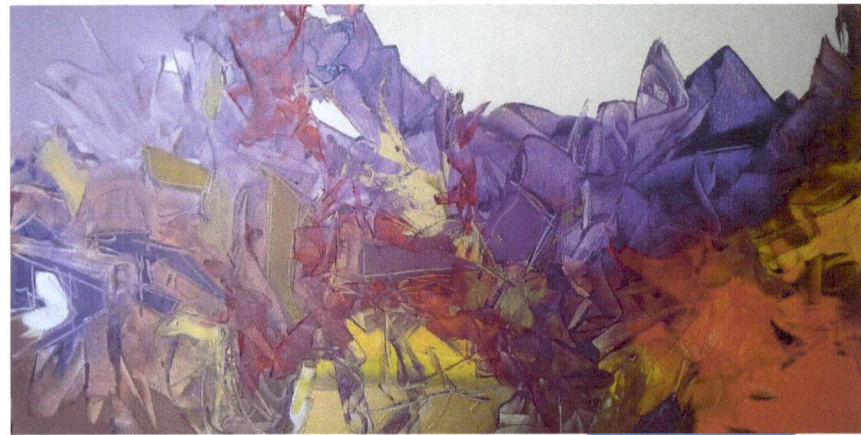

Dora Romano
-se tu sapessi casomai-
N. 19:23 40X80cm

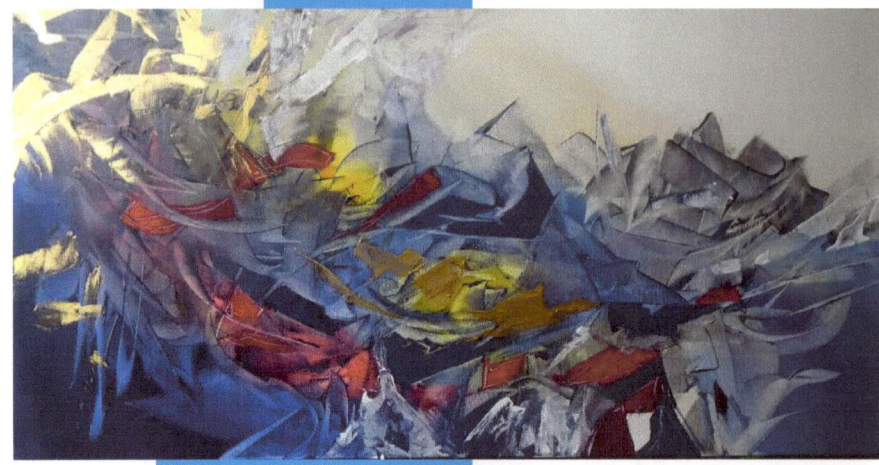

Dora Romano
-N.13.23 Acrilico
40X80cm

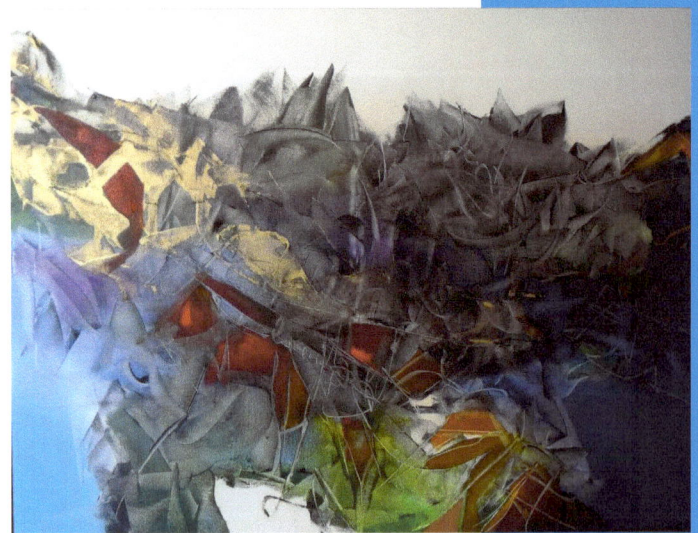

Dora Romano
-i girdini di marzo-
N.9.23 60X90cm

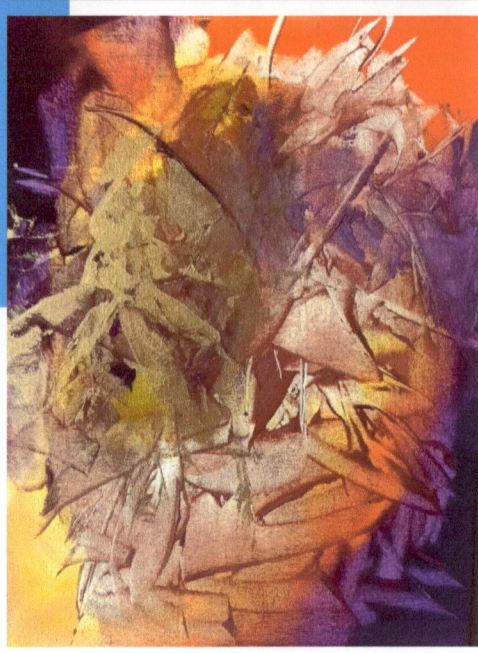

Dora Romano
*30*40 cm*
Acrilico e porporina su tela

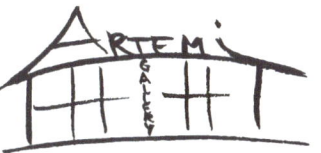

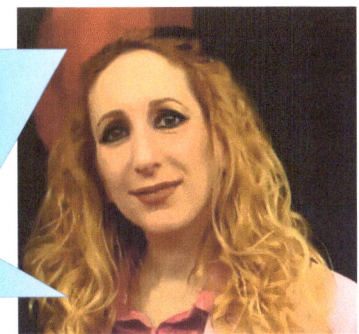

Diafana e incorporea, delicata e impalpabile, la nuova ricerca di Dora Romano incentrata su un'ispirazione espressionistico-astratta, cattura l'osservatore con il suo cuore vivo e pulsante, nel quale percorsi cromatici si rincorrono e si cingono, per poi allontanarsi e ricongiungersi in una danza, infinita, di dinamismi. L'intensità dei dipinti è tangibile, la luce, interpreta lo spazio pensato dall'artista, è fulcro costruttivo e speculativo dell'opera, basata sul *Komorebi*, suggestivo lemma giapponese, che racchiude un concetto dalle numerose sfaccettature filosofiche: *luce che filtra tra le foglie degli alberi*.

La sola immagine, evocata da questa condizione di grazia e bellezza, proietta il fruitore in una dimensione di lirica magia e di coscienza superiore, che lo divide tra un sentimento di sottile malinconia e una gioia densa e vera. Si è, dunque, immersi in un sentire sfuggevole, che sposa la consapevolezza che tutto ciò che ci circonda è mutevole, caduco, che l'intera esistenza umana è spirituale, fugace ma improntata alla rinascita.

Iconograficamente l'artista esprime il *gocciolare* della luce, i suoi argentini baluginii che, dall'alto, fluttuano e raggiungono il mondo materiale, e, tale tocco, ha in sé qualcosa di prodigioso e divino, poiché illuminando rende visibile, crea.

Se tutto è improvviso e transitorio, tutto è anche prezioso, esclusivo e irripetibile, un'idea complessa e perentoria: nessun istante è uguale al precedente per incanto e gioia, per sofferenza e amarezza.

Audace, ambizioso e seducente, proporre la visione del *Komorebi* in pittura, ritrarre il brivido, l'emozione, il fremito che attraversa ognuno e che custodisce l'intera percezione della vita nel suo passato e nel momento esatto dell'esistere. Tale intuizione è conoscenza - nella sua accezione più profonda - ed è sempre brezza feconda, scoperta dell'essenza d'ogni cosa e d'ogni azione, superamento delle inezie e del superfluo, ritrovamento di sé e della propria storia.

Le immagini di Dora Romano sono, quindi, ingemmate da riverberi vivaci e albori nascenti, che sostituendo l'eclissi oscura, il compimento ineluttabile, brillano e s'intersecano con linee, curve e segmenti, svelando forme che, insieme al bianco, sovente abbracciano l'oro. L'uso di quest'ultimo, s'ispira al *Kintsugi*, tecnica di restauro ceramico, anch'essa di cultura asiatica sempre cara all'artista, ove le crepe sono riparate con polvere dorata, la fragilità diviene un punto di forza e

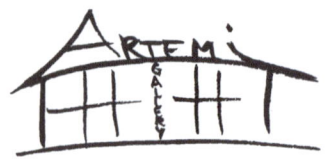

unicità, poiché l'intreccio, nato dalla casualità della rottura, sarà artistico e irripetibile: la ferita è madre di una nuova perfezione estetica, simbolicamente ideale e interiore, molto vicina al coraggioso vissuto di Dora.

Forte, poi, è, nell'artista, la vocazione all'elemento naturale, infatti gli azzurri tenui, i turchese leggeri digradanti al persiano, gli smeraldi che virano al veronese e alla giada, sono araldi di aria, mare, cielo, boschi, l'armonia tra essere umano e ambiente voluta, ricercata e trovata dall'artista, è racchiusa nel raggio, nell'iridescenza.

Questa pioggia di luce, che, come rugiada chiara, accarezza la figurazione, scopre la stessa poesia in dipinti quali *La lettrice* di Monet, *Ballo al moulin de la Galette* di Renoir e *Colazione in giardino* di De Nittis, nei quali i riverberi sono protagonisti, insieme al paesaggio, di sorrisi gentili ed effimeri, di attimi di solitudine e convivialità, seppur brevi e transitori, che posseggono, però, il senso dell'eterno nascosto in tutte le vite.

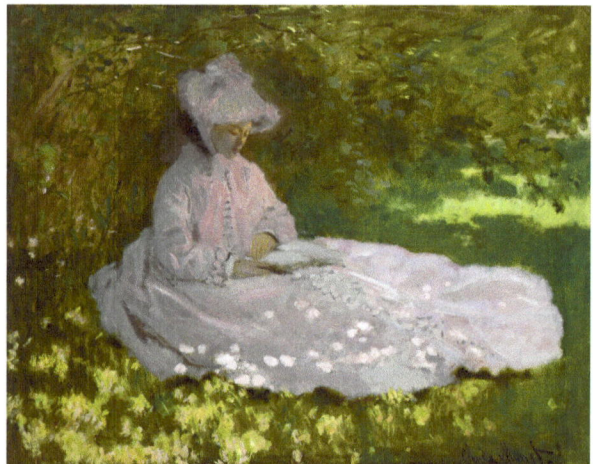

Claude Oscar Manet, Primavera (La lettrice), 1872, olio su tela, Baltimora, The Walters Art Museum

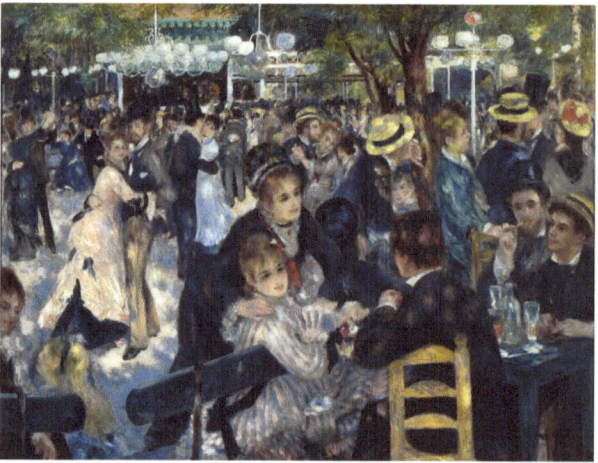

Pierre Auguste Renoir, Bal au moulin de la Galette, 1876, olio su tela, Parigi, Museo d'Orsay

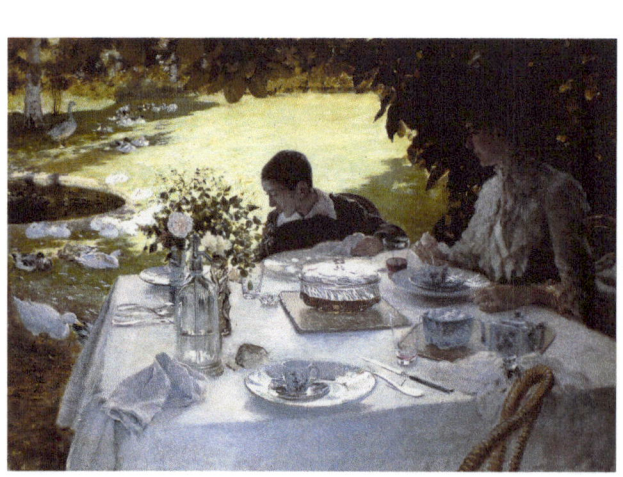

Giuseppe De Nittis, Colazione in giardino, 1884, olio su tela, Barletta, Palazzo Della Marra, Pinacoteca De Nitti

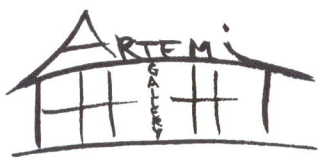

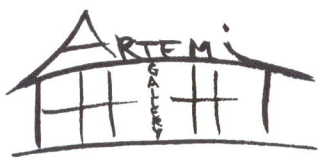

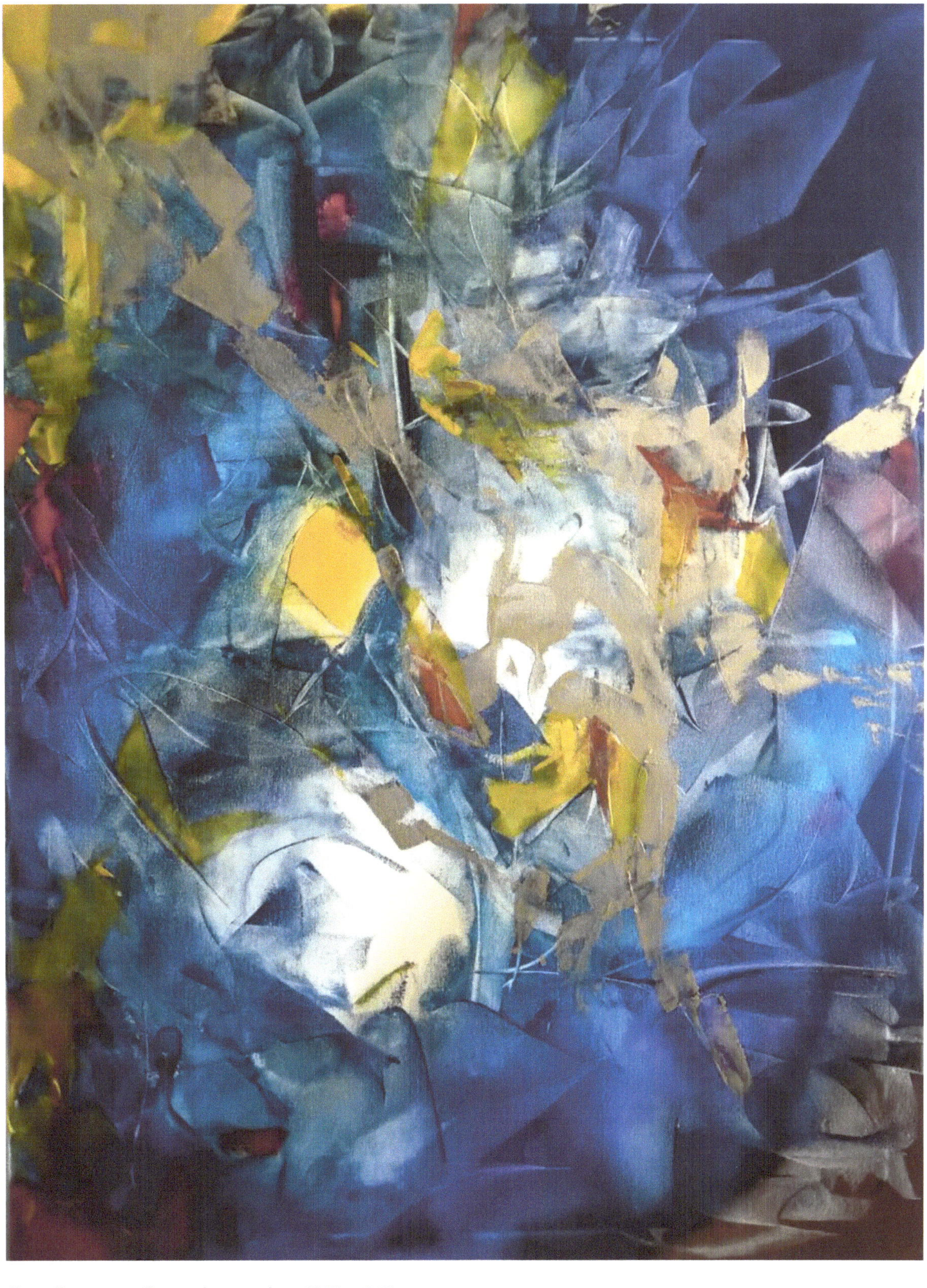

Dora Romano *-Domenica mattina- 2023 n.6.23*
60X90cm Acrilico e porporina su tela

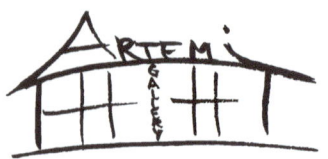

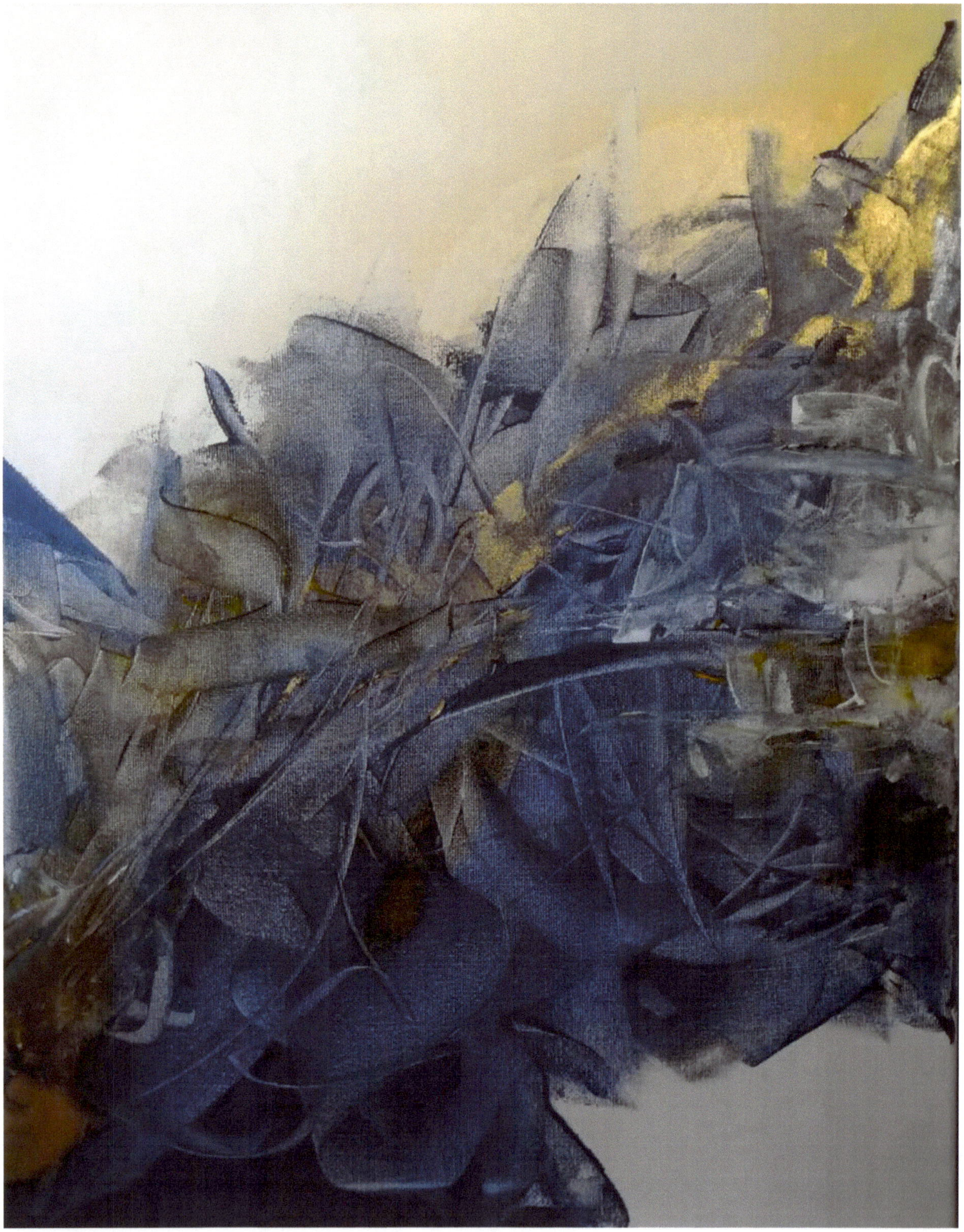

Dora Romano -n.29.23
100X120cm Acrilico e porporina su tela

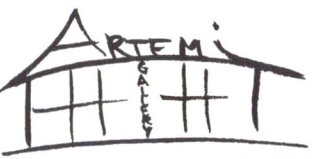

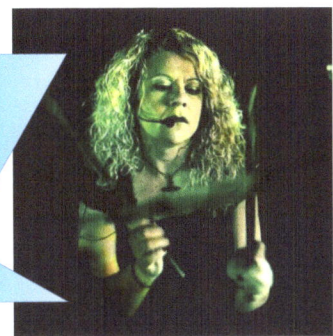

GLI SPAZI VUOTI DELLA MATERIA

Lì in quegli spazi,
dove tutto era materia e forma,
vive ora la luce dei colori.
Capovolti prismi luminosi
come punti di stelle
appena accennate
a colmare l'assenza
della materia.
In quegli spazi,
ancora intrisi di forme,
nasce colorata,
multiforme energia
e sacche di visioni
che lasciano scie
nell'immensità dell'universo.
Lì in quegli spazi vuoti,
mi siedo e attendo
che il mio mondo
prenda forma.

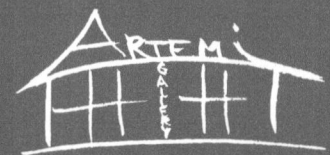